自作DIYで1200日の車中泊

軽バン生活

MINIVAN LIFE
KEIBAN SEIKATSU

軽バン生活 著

目次

Chapter 3

軽バン生活と旅の日常を大公開

Chapter 4

これまでの旅で訪れたおすすめスポット

Chapter 5

旅で出会ったグルメ&車中飯

いよいよ本編
スタートです!

初めまして！私たちはこの軽自動車で
車中泊をしながら日本を旅して3年になります。
少しだけ自己紹介
私は大学卒業後、銀行員として
外回りの営業をしていました。

急げ!!
雨でも冬でもいつも自転車で営業に行っていた

人生一度きり。職場環境はよかったものの
海外留学に一度は挑戦してみたくて4年目で退職しました。
※ワーキングホリデーには年齢制限があったので

一方その頃
僕は建築系の高校卒業後、
Canada
1人でカナダに留学していました。
ヒッチハイクでカナダを一周したら、ある程度の日常英語が身につき
Japan!?
なぜか日本人と言うとカナダの警察官に好かれた
Hop in!
同時に何かに挑戦する大切さを学びました。
日本に帰国後、アルバイトやボランティア活動などを転々としながら
物作りが好きで音楽作りや家の修復なども経験しました。

そんな経歴の私たちですが
どこ行こう？
申請の仕方は…
私の退職後に海外留学に向けて準備を進めていました。
しかしそんなとき…
コロナウィルス発生！
NEWS
しばらくの間は海外渡航禁止です
えー!?
会社辞めたしこれからどうしよう…
コロナっていつまで続くの？
留学の為に貯めたお金と時間だけはあるからなぁ…

色々話し合った結果…
いつかしてみたかった
車で日本一周を
先にしよう！
イイネ
予定変更して３日後には
車を見つけ
ＤＩＹもお金を
かけたいから
中古車で
色々見てみよう
納車
38万円で軽バンを購入！
２人とも素人ながら
住みやすさを最大限に
考えてＤＩＹ。
そんな車で暮らして
現在４年目です。

この本では、軽バンDIYの順序や工夫の全て
車中泊のあれこれ
また、・車生活の暮らし方・お金のコト・正解だった便利アイテム
日本の旅で思い出に残った観光スポットや銭湯・グルメ
実際作った車中飯レシピも紹介しています！
4年間の情報や知識、思い出をギュッと詰め込んだので
ぜひ楽しんで見てください！
自作DIYで 1200日の車中泊
軽バン生活
軽バン車中泊の魅力を
徹底紹介！

Chapter 1

車内DIY・電気配線・費用について

長旅を支えてくれている軽バン。
住環境にもなる車内を便利で
快適にするためのアイデアが満載です。
失敗も重ねながらたどりついた
軽バンの中身を大公開！

快適な車中泊の秘密が満載

軽バンアイデア大公開

ルーフキャリア

ルーフキャリアには荷物ボックス、椅子として使う脚立、充電用ソーラーパネルを固定し、車外のスペースも無駄なく活用。

外見もかわいく仕上がり、アウトドアらしい見た目が今でもお気に入りです。

Front

私たちが日本一周旅に使っている軽バンは、DIYで作った世界に一台だけのカスタムカー。もともとは38万円で購入した中古車です。買ったときはよくある商用車でしたが、約3ヶ月をかけてキャンピングカー仕様に全面改装しました。

　DIYを始めるときに考えたのは、長く生活する車内を気持ちよく過ごせる場所にすること。どんな風に過ごしたいか、そのためにはどこに何を置けばいいかを、納得するまで2人で話し合いました。さらに、車中泊を続けていく中で不便に感じたことや、この部分はもっとこうしようと改良を重ね続けました。そのおかげで4年経った今でも快適で、とても愛着のある軽バンになりました。

どんな場所にも連れて行ってくれる自慢の軽バンです。

全面塗装

すべて手塗りで仕上げたビスケットカラーの外装は、マットな仕上がりがお気に入り。フロントグリルやホイールもマットブラックに再塗装。

買ったときの外装

バックドア

車内から開けられるようバックドアの鍵・ドアノブを改造。内側には靴置きパネルを取り付けた、まさに軽バンの玄関口。

Side

引き出しテーブル

収納に使っている後部床下の引き出しボックスは、パネルを置けばデスクワーク・キャンプもできるテーブルに早変わり。

中古の軽バンを購入しました!

購入時DATA

車種：マツダ　スクラムワゴン
年式：2012年
走行距離：95,563km

DIYでここまで作れる！

軽バン車内を一挙に紹介

運転席・キッチン周り

車内作りでは「できるだけ自炊もしたい」「寝るスペースはしっかり取りたい」という2人の希望を反映しています。

そのため、軽バンの限られた空間をとことん活用しました。かさばる荷物は床下やルーフキャリアのボックスに入れ、天井全面にも収納スペースを作りました。調理のためのキッチンや、電気配線などを収納する棚も両サイドに設置しました。

これらの収納設備は既製品ではなく、すべて木材からひとつひとつ自作した物です。

運転席

運転席の上に収納棚を作り、ドローン、お風呂セット、ゴミ袋などをしまっています。お風呂セットが手に届く位置にあるおかげで、温泉や銭湯に到着してすぐに入れるので便利です。
カーナビは購入時についていなかったため、その部分にiPadを取り付けました。iPadの裏の収納箱も自作で、裏側は小物入れになっています。助手席前にはコンセントと充電用パネルを増設しました。

ミニキッチン

小窓

右後部にはIH調理器・シンクをフラットに埋め込んだミニキッチンを作りました。蛇口からはモーターで吸い上げた水が出るので、炊事や洗顔、歯磨きも可能。蛇口のホースは伸ばしてシャワーとしても使えます。
正面には風景を見ながら料理ができる小窓。お玉、フライ返し、計量カップは走行中に音が鳴らないよう、強力磁石で壁に固定しています。

キッチン収納

上の棚にはラップやクッキングペーパーがあり、手が届く範囲に調味料も用意しているため、車内で座ったまま調理ができます。
キッチンは、この軽バンに一番取り付けたかった設備なので、いろいろなこだわりを詰め込みました。

収納棚・天井

収納棚

棚の扉を閉じた状態。ここからもカーテンを開けると外を見ることができます。

私たちの軽バンでは電化製品を多く使うため、ソーラーパネルと走行充電器を併用して充電しています。電気は収納棚に設置したチャージコントローラーを経由し、サブバッテリーへ充電される仕組みです。ごちゃついた配線類を棚の後ろに隠してスッキリと見えるように工夫しています。

天井

車体の天井には雨音防止の遮音シート、断熱用の銀マットを直接貼り、全面を温かい雰囲気の板張りにしました。天井近くにも棚を作ってタオルなどを丸めて収納し、小さなものはカゴに入れています。スピーカーも埋め込んでいるので、車内でBGMも流せます。
ちょっとした空間にはフックを取り付け、ハンガー、帽子掛け、野菜入れなどをあちこちにぶら下げています。使えそうな場所は見逃しません。

照明

車内を照らすのはLEDエジソン電球。板張りの天井と合わせて車内はログハウス風の雰囲気になっています。

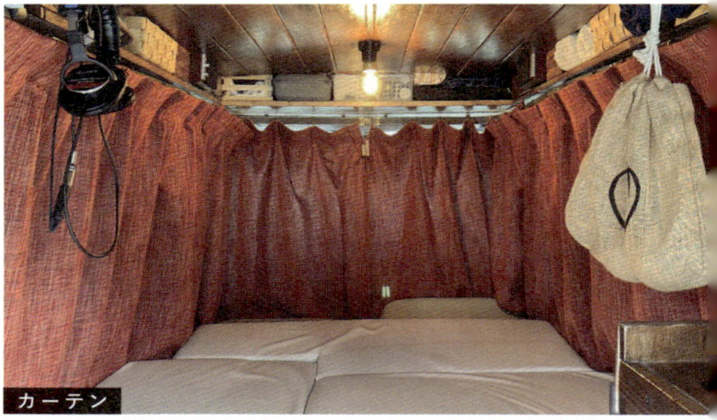

カーテン

収納棚の下には自由自在に曲がるカーテンレールを設置。夜間は両サイドのカーテンを引くだけで車内をすぐに隠せます。

立体的にスペースを活用！

便利な床下収納術

長期旅では調理道具や食材、衣類、工具など多くの荷物を持っていきます。だからこそ、どのように寝るスペースを確保するかをすごく悩みました。

私たちの考えた解決方法は、荷物を床下に収納してまうこと。

後部座席を取り外して収納スペースを増やし、土台を組んでその上にマットレスを乗せました。そうすることで、床下空間と寝るためのスペースを分けることができました。

さらに倒した前席と高さを揃えたことで、軽バンでも余裕を持って足を伸ばせるフルフラットなベッドを実現できました。

1 冷凍冷蔵庫

冷凍庫付きの車載用小型冷蔵庫。暑い時期の車内でも食材がしっかり冷え、音もあまり出ない優れ物。

2 収納スペース

調理用のガスコンロや常温で保存できる食材と調味料、食器入れなど、さまざまな物の収納スペース。

3 給水・排水タンク

キッチン用の給水・排水タンク。キッチン裏のウォーターポンプで水を吸い上げる仕組み。隠すことで車内の見ばえがよくなり、排水のにおいも防止。

4 フリースペース

左スライドドア内側のフリースペース。普段は洗濯カゴやゴミ袋を置いている。足を下ろせるので、食事の際は掘りごたつのようにも使える。

5 工具室

ここに置くのはインバーター、工具類、ビスなどの部品類。車旅の途中でも電気系や車内設備の修理・改良が可能。

6 引き出しテーブル

調理道具、食器、小物類はここに収納。上に板を置くと大きなテーブルとしても使用できる。キャンプ時に大活躍。

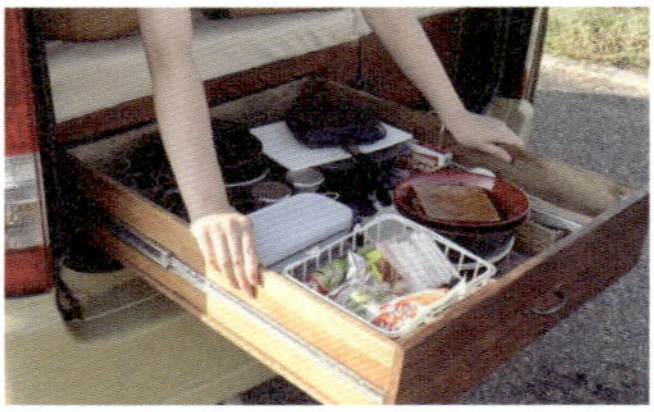

軽バン後部を利用したベッドのサイズは、セミダブルとほぼ同じ195×120cm。マットレスは寝心地がよく、腰を痛めないよう厚み12cmの物を使用。レザー生地を巻いて、調理時に汚れがついても落ちやすい工夫をしました。

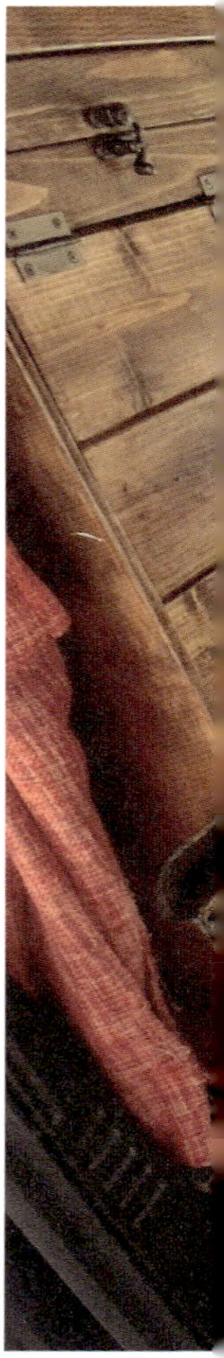

まず最初に考えておきたい

自動車DIYの心得

事前に準備すること

CHECK SHEET

- ☑ **車中泊の目的・期間を決める**
  - ➡ キャンプなどの趣味、宿泊のコストダウン、長期旅とさまざま。目的で荷物も変わる。
- ☑ **利用人数やペットの有無**
  - ➡ 人数によって車種や設備が変わる。子供やペットがいる方は特に配慮を。
- ☑ **理想の雰囲気を探す**
  - ➡ 温かいウッド調、ミリタリーでかっこいい雰囲気など、理想の完成図を具体的にイメージする。
- ☑ **最低限必要な物を洗い出す**
  - ➡ 電源、ベッド、冷蔵庫、衣服、食器など。収納場所を考えるためにも必要な設備や持ち物は書き出しておく。
- ☑ **予算を決める**
  - ➡ DIYにこだわり過ぎて旅の資金が不足するのは避けたい。取捨選択が大切。
- ☑ **自動車の購入**
  - ➡ 上記のことを踏まえて購入。金額だけでなく走行距離や年式なども要チェック。

DIYをする前に大事なのは「どんな車にするか」をはっきりさせること。私たちも車内を心地よい空間にするため、こだわりたい部分、必要な設備と持ち物を事前に決めていました。理想の雰囲気は、海外のバンライフの画像や、自宅インテリア関連の画像を探してイメージを湧かせました。

次に持ち物です。最初は最低限必要な物として、冷蔵庫、電気類、ベッド、キッチン設備を付けることだけ決めていました。電気と水道は離して設置するため、進行方向左側を電気、右側を水道設備にしました。

全体像が決まったらイメージをより具体的にしていきます。購入する車の寸法を調べ、カラーテープを使って車内のサイズ感や各スペースの配置を何度も話し合いました。

私たちの経験談

実際に車中泊を始めてからわかったこともあります。意外と見落としがちなのが、洗濯カゴとお風呂セットの収納場所。洗濯物は毎日溜まっていくので、長期の車中泊をするならスペース確保が必要です。また、お風呂セットもほぼ毎日使います。シャンプーやボディーソープ、洗顔料など色々とかさばるので、もっとも取り出しやすく、収納できる場所を事前に決めておくことがおすすめ。

残念ながら諦めた物もたくさんあります。収納の都合で電子レンジ、キャンプ用品は積まず、衣類は少なめ、割れる危険性のあるガラス食器は使わないようにしています。

ただ、必要な物は人それぞれなので、最初はDIYする前に家の敷地内や近くで何日か車中泊してみるのもアリ。「家に取りに帰らなきゃ！」と思った物こそ、必要な荷物なんです。

設置してよかった物

- **洗濯カゴの収納**
  着用後の洗濯物は意外とスペースを取る、広めに確保して正解。
- **キッチンシンク**
  調理だけでなく、悪天候のときも歯磨きや洗顔など外に出ずに済ませられる。
- **お風呂セットの収納**
  ほぼ毎日使うので最も取り出しやすい運転席上に収納した。
- **小型冷蔵庫**
  夏場は野菜や肉だけでなく調味料も傷みやすいので、少しでも車内で調理する方はぜひ。

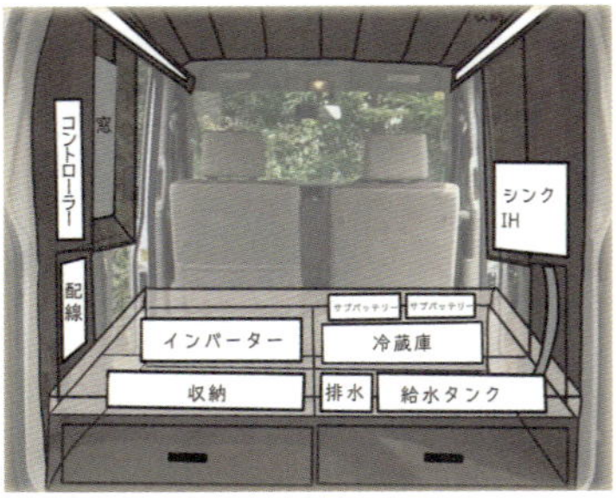

電気 ←→ 水道

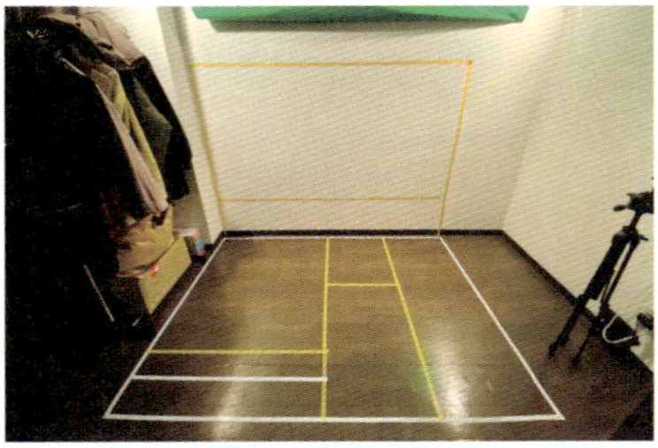

カラーテープを使って収納の数、配置を事前に決めていた。

旅してわかった！

軽バンのメリット＆デメリット

私たちも車を購入する前は、コンパクトな軽自動車にするのか、大きなワンボックスカーにするのか、とても悩みました。ここでは、軽バン選びのメリットとデメリットを紹介します。

メリット

1 どんな場所でも通れる

車体がコンパクトなので基本的にどんな場所でも通れます。大型車やキャンピングカーでは諦めなければいけないような道も、軽バンだから通れたという経験を何度もしました。田舎や山奥の絶景を見たい私たちにとって、制限がないのは最大のメリットでした。

2 普段使いに向いている

大型のバンやキャンピングカーを購入したものの、普段使いしづらくて旅行後に手放してしまったという話を聞くことがあります。その点、軽自動車は立体駐車場やスーパーでも使えてすごく便利です。軽自動車限定の駐車場に停められるのも意外と役立ちます。

3 車検有効期限が長い

普通貨物車の車検有効期限は1年間ですが、軽貨物車は2年間。普通貨物車に比べて車検を受ける期間に余裕があります。実際のところ、毎年ユーザー車検を受けるのは結構面倒なので、かなりありがたかったです。

4 税金が安い

軽貨物車の自動車税は軽乗用車、普通貨物車よりも安いです。重量税も、2t以下の車種であれば普通自動車より少し安くなっています。長期的に車を使うときの維持費を抑えられるので、大きなメリットになっています。

5 購入費が安い

車種・年式によるので一概に言えませんが、軽バンは大型のバンやキャンピングカーより安く購入できます。最初の費用を抑えられるので、今後の旅にも資金を使いたい私たちにとっては中古の軽バンを選んで正解でした。

デメリット

1 車内の空間が狭い

1人で過ごすには充分ですが、2人で生活すると少し窮屈だとは感じます。工夫しても収納スペースは限られているので、荷物を減らすのも大変でした。2人までなら大丈夫でしょうが、3人以上なら大きなワンボックスカーやキャンピングカーをおすすめします。

2 事故が不安

軽自動車はボディが軽く、事故で強い衝撃を受けるとバラバラになるというニュースを聞いたことがあります。安全性の面では普通車にやや劣るのかなと思っています。ただ、最近は安全性テストの基準も厳しくなったらしいので、新車ならあまり心配はいらないようです。

3 馬力が弱い

馬力はやはり普通車の方が勝ります。軽バンに荷物をたくさん積むと、上り坂でスピードが落ちることもあるそうです。ただ、私たちは四輪駆動のターボ付きを選んだので、上り坂では不便を感じませんでした。車のスペックによっては改善できるデメリットです。

実際に長期の車旅をしたからこそわかったメリットとデメリットもたくさんあります。私のように運転に自信がなくても軽バンは小回りがきくので、細い道や駐車場でも安心感がありました。旅先では小さな車しか通れない山道に遭遇することがあり、誰もいない山頂で絶景を味わえたことも何度かあります。

車内が狭いこともあり、広く使うために後部座席を取り外して2シートに構造変更しました。収納スペースが増えたので、車内は快適になりましたが、自慢の車に友達や家族を乗せてキャンプに行けなくなったのは少し残念でした。

軽バンにも一長一短があるので、目的や用途によって選ぶことがベストだと思います。

理想を形に！　DIYに挑戦してみよう

軽バンDIYの工程紹介

計画が固まるといよいよ軽バンDIYの始まりです。

ふたりの理想の軽バンを形にするにはどんな物が必要か、そのためにはどこに何を置けばいいかを考えながら進めていきました。

ただ、事前に設計図は作っていません。実は2人ともDIYは素人同然で、車の構造もよく知らなかったので、正直に言えば設計図の作り方がわかりませんでした。

写真ではうまくできているように見えるかもしれませんが、失敗して作り直した部分もたくさんあります。2人のこだわりたい部分が違うので揉めることもよくありましたが、3ヶ月かけてようやく納得のいく軽バンに仕上がりました。

STEP 1 車の購入・解体

所要日数 3日

まずは車を購入します。私たちの軽バンは、前のオーナーさんも車内をDIYしていたらしく、天井や壁部分に小さな穴が空いていたので中古で安く手に入れられました。

DIYの第一歩は車内の解体でした。壁や天井、床のシートをはがしていきます。天井裏には配線がたくさんあるので、テープでまとめたりなど特に注意を払いました。続いて後部座席とシートベルトを取り外します。座席は固定しているボルトを外すだけで簡単に取れました。

床に敷いてあったシートは次の工程で型取りに使用するので、すぐ破棄しないように気をつけましょう。

STEP 2
床作り

所要日数
3 日

土台を組むための安定した床を作ります。始めに凹凸をなくすため、床下には1x2材で根太（ねだ）を張りました。次に❶ではがした床のシートと同サイズの床板を作りました。

注意点はメインバッテリーの取り外し部分をくり抜いておくこと。

後部座席を取り外したスペースにも床板を敷きます。ここは傾斜があるので、水平にするために角材で高さを揃えました。また、車体の凹凸に合わせて、メジャーでサイズを測りながら床板をカットしました。木材のカットには卓上丸ノコとジグソーを使用しました。

STEP 3
土台作り

所要日数
5 日

床下収納となる土台を角材と2×4材で作ります。まずは高さ20cmにカットした柱の位置を決め、柱と枠組みの水平を見ながらL字金具で固定しました。

次に冷蔵庫のサイズに合わせてコンパネ、角材、2×4材で囲むように枠組みを作ります。全体の土台が出来上がったら、各収納スペースに合わせて合板を7分割にカット。最後に板を仮置きすれば土台は完成です。この板は後のベッド作りで使用します。

STEP 4

床下収納作り

所要日数
3日

土台にレールを取り付けて引き出しテーブルを作ります。レールは床と平行に、左右の高さを揃えて取り付けました。コンパネとファルカタ材で箱を作り、底を少し浮かせながら土台にレールで固定します。レールは長さ・耐荷重を考えて60cmの物を用意しました。

テーブル板はコンパネと蝶番で作り、ステイン・つや出しスプレーで仕上げると、小学校の机のような質感になりました。収納場所は冷蔵庫置き場下の空間を活用しています。

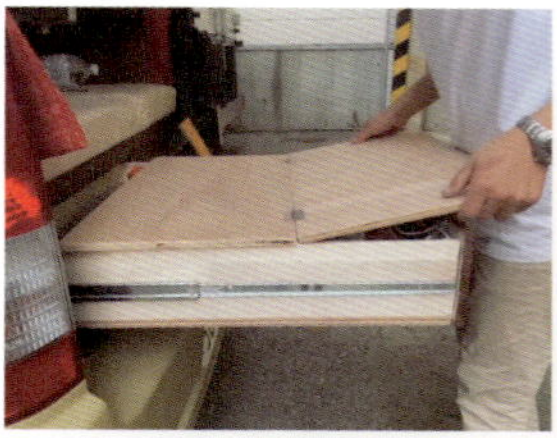

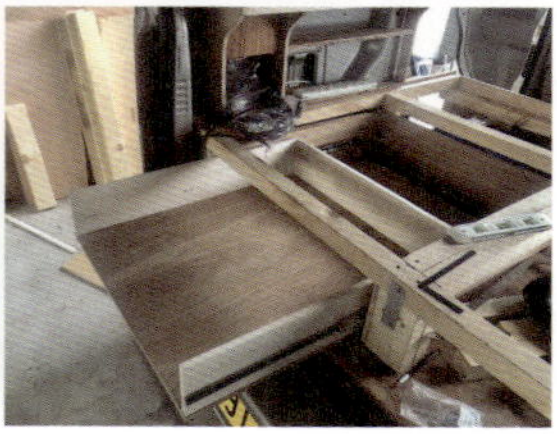

STEP 5

棚作り

所要日数
6日

調味料の保管と配線を隠すための収納棚を作ります。まず型取りゲージを使って壁の曲線を測り、それに合わせて板をカット。それらを組み合わせて棚の骨組みを作りました。

次に棚の上部の高さを揃え、車体にL字金具で固定します。棚の扉には1×2、1×4材を使用し、開閉できるように蝶番と留め金を付けました。化粧板としてファルカタ材を貼り、ステイン塗料・ニスで仕上げ、窓にカーテンを取り付ければ完成です。注意点は、棚を車体に固定する前に電気配線を裏に通しておくこと。

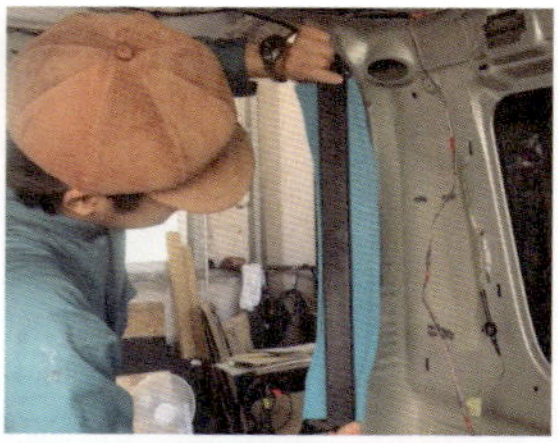

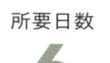

STEP 6

キッチン作り

所要日数
8日

小型キッチンを作ります。収納棚と同じように、配線を裏に通してから骨組みを作ります。シンクとIHの高さを揃えて、調理台をフラットにすることにこだわりました。

ここで一度調理台を仮置きし、座って調理するときの高さや、寝るときに脚が伸ばせるかをチェック。調理台の高さが決まれば、側面の不要な部分をカット。IHの電源部分と排熱用の穴も開け、1×4材で正面の壁を作ります。全体をステイン塗料で着色し、小窓・カーテンを取り付けて車体に固定。最後に化粧板を貼り、ニスを塗って仕上げました。

また、排水のにおい防止のために余った木材でシンクのふたも作りました。

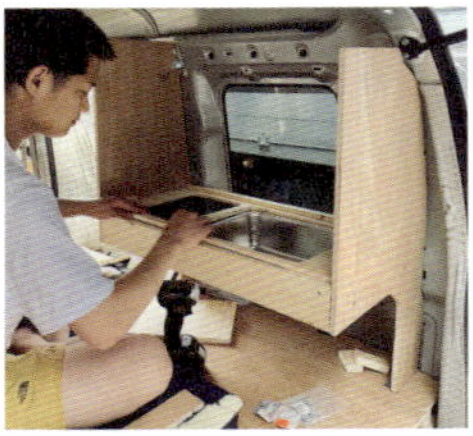

STEP 7

水道の設置

所要日数
4日

調理台に穴を開け蛇口を通します。蛇口のホースは基本的に吸水用・水用・お湯用の3本。お湯用は使わないのでキャップナットで止水し、結束バンドで縛ります。

次にシンクと排水タンクをホースでつなげます。排水タンクは横置きにするので、キャップに水漏れ防止加工をします。シンクの水を流れやすくするためタンクに小さな穴をあけ、空気の逃げ道も作りました。

最後に、給水タンクとポンプ、ポンプと蛇口をホースでつなげます。給水ホースは抜けや破裂防止のため、耐圧用の物を使用。シンクと調理台の隙間には水が入らないようシーリングを打ちました。電気配線は、水漏れや端子が車体の鉄板に触れてショートしないよう、スポンジに入れて対策しました。

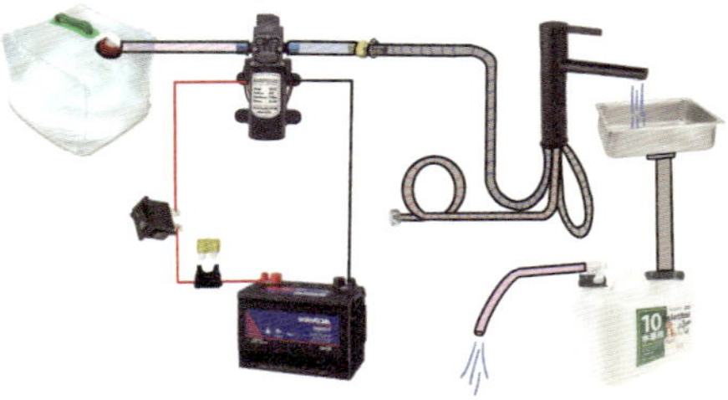

STEP 8

ベッド作り

所要日数
3日

土台に仮置きしていた板を使ってベッドを作ります。市販の高反発マットレスを購入し、中身を取り出しました。7分割した板と同じ形にマットレスを切り取り、それらをスプレーボンドで貼り付けました。

次に各マットを合皮レザーで巻いていきます。レザーはマットの各辺より10cmほど大きめに切り、角をきれいに折り込みながらタッカーで板に留めました。

裏面にもレザーを貼ることでよりきれいな仕上がりに。これらを土台に乗せてベッドの完成です。

STEP 9

天井張り

所要日数
10日

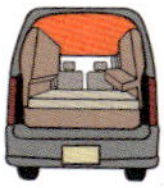

天井に板張りと収納スペースを作ります。まず側面収納を作るために、前から後ろまで1×4材を組んでいきます。天井には遮音シート、断熱用の銀マットを貼り、板張りのための横板を結束バンドで車体に留めます。車体の鉄板が少しでも見えている場所には壁紙シールを貼り、見栄えにもこだわりました。

最後に板張りです。天井板は厚さ5.5mmの1枚板の合板をカットしてステインで塗装。それらを横板に1枚ずつ打ち付けて完成です。1×4材だと分厚く、天井が低くなってしまうので薄い合板を選びました。

STEP 10

内装の装飾・塗装

所要日数
3日

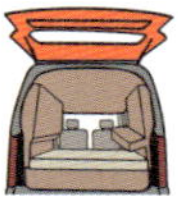

バックドアを玄関仕様に改造していきます。ボードを外すとドアノブと鍵に連動する棒が１本ずつ入っています。上部に穴を２つ開けて丸棒を通し、ワイヤークリップで連結させます。これで車内から開けられるような仕組みが完成。

パンチングボードを既存のボードと同じ形にカットし、ステイン塗料、ニスで塗装してからボードアンカーで固定しました。

その後、バックドアの内側も車体と同じビスケット色に塗装しました。最後に100均のタオルかけをビス打ちして靴置きを作りました。丸棒の先端に付けたかわいい靴のフィギュアがお気に入り。

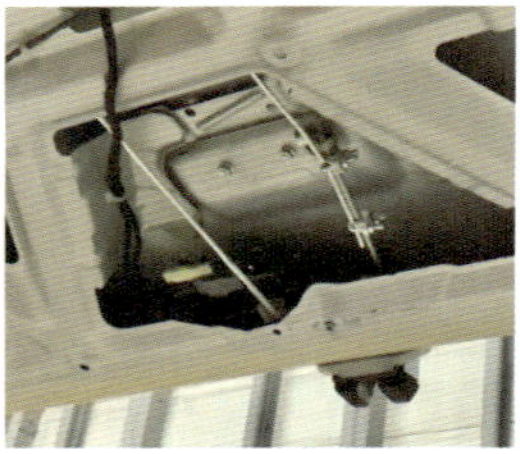

STEP 11

外装の装飾・塗装

所要日数
4日

外観をビスケット色に塗装します。きれいに長持ちさせるため、塗装は下地作りにも力を入れました。まずは600番、1000番、2000番の耐水ペーパーで表面を３回磨き、一度車を水洗いします。シリコンオフで脱脂したあと、塗装を剥がれにくくするためにプラサフスプレーを全体に薄くふきかけました。

次にミラーや窓をしっかり養生。細かい部分まで養生ができていないと仕上がりに大きく差が出るので注意。

ここまで準備を終えたら塗装です。ローラーで２度塗り、細かい部分は刷毛塗りをしました。タイヤのホイールも黒スプレーで塗装しました。

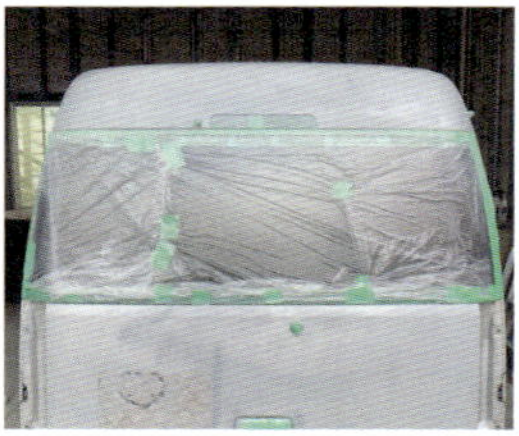

STEP 12

ソーラーパネル設置

所要日数
4日

軽バンの上にルーフキャリアを載せ、ソーラーパネルを設置します。ルーフキャリアは説明書通り簡単に組み立てられました。ソーラーパネル100W 2枚をU字金具でルーフキャリアに固定します。次に収納ボックスの設置。市販のボックスはプラスチックの劣化を防ぐために茶色に塗装しました。ルーフキャリアには1×4材で作った木枠を取り付け、ステイン塗料、ニスで塗装すればアウトドア仕様の見た目に。椅子として使用する脚立はラチェット式ベルトで固定しています。

※電気配線についてはP32で説明します。

STEP 13

メンテナンス・車検

所要日数
3日

DIYがひと段落したので、出発前に車を点検します。自動車用品店でメインバッテリー、ワイパー、フィルター類などを交換。タイヤの空気圧もチェックしておきます。さらに塗装後初めての洗車にもチャレンジしました。手塗り塗装だったので高圧洗浄機の使用は不安でしたが、特に問題はありませんでした。車検については、かなり手を入れたので気になるところでしたが、事前に何度も陸運局に問い合わせをして無事に通過できてひと安心。これから長旅になるので、事前準備は念入りにしました。

その他の工夫ポイント

iPad スタンド

元々カーナビ部分がなかったこの車には、自作の収納箱兼iPad置きを設置。コンパネ廃材とウォールバーで組み立て、つや出し塗装で仕上げました。

吊り下げテーブル

２枚の化粧板を蝶番でつないだ自作テーブル。折りたたみ脚を逆さに取り付け、吊り下げたのが工夫のポイント。デスクワークやプチ居酒屋に活躍中。

靴置き場

バックドアとは別に、右のサイドドアにも靴置きを設置。斜めに取り付けた板に片方の靴を乗せ、わずかなスペースも有効活用しました。

レールカーテン

夜に車内を隠す遮光カーテン。長さを切って調整し、カーブレールは天井に設置。道路交通法上、運転席まわりのカーテンの取り付け方には注意が必要。

主な使用器具

- インパクトドライバー
- ディスクグラインダー
- ジグソー
- ドリルドライバー
- オービタルサンダー
- メジャー
- ペンチ / ニッパー
- 型取りゲージ
- 水平器
- 卓上丸のこ（丸ノコ）
- スパナ / レンチ
- さしがね

＊もっと詳しくDIY工程や工具を知りたい方は、
YouTubeチャンネル「軽バン生活」をご覧ください。

用途によって選ぼう！

車の電気について

車中泊をさらに快適にしてくれる電気機器。最近は便利で高機能なポータブル電源なども増えています。

　しかし、長期旅で多くの電気機器を使う場合、その分たくさんの電力が必要です。そこで軽バン旅に導入したのが、車のメインバッテリーとは別のバッテリーで電力供給・充電ができるように電気配線を組むサブバッテリーシステム。これとポータブル電源を併用することで、私たちは長期の旅でも安定して電気を使えています。

　ここではサブバッテリーの電気配線の組み方と、必要な注意点についてご紹介します。

必要な機器類

バッテリー

走行充電器

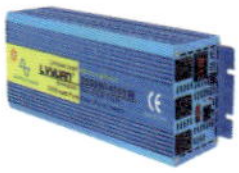
インバーター

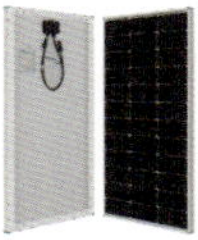
ソーラーパネル
(100W) × 2

ヒューズボックス

スイッチ付き
シガーソケット

シガー
電源プラグ

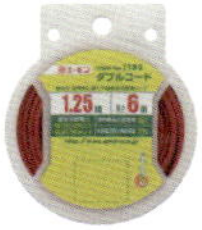
KIV ケーブル
(1.25sq 〜 38sq)

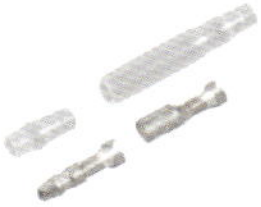
ギボシ端子

丸型端子

Y 字型コネクタ

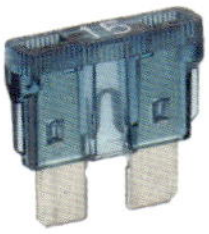
平型ヒューズ

ANL ヒューズ

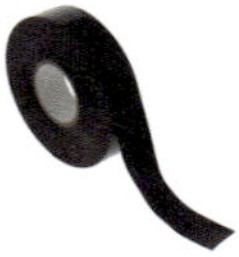
絶縁テープ

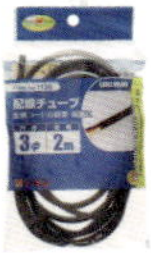
配線チューブ

必要な工具

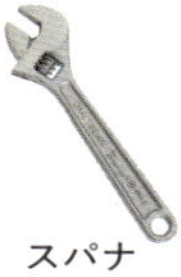
スパナ

プラスドライバー

カッター

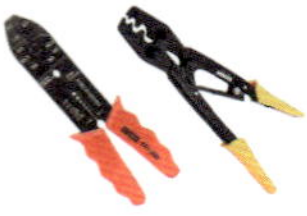
圧着ペンチ

検電テスター

充電の仕組みと機器について

エンジン停止中でも電気を使えるのはサブバッテリーがあるから。メインバッテリーの余った電力とソーラーパネルからの電力は、走行充電器でコントロールしながらサブバッテリーに蓄電。インバーターで電圧を変換することで家電や機器が使えるようになります。

走行充電器（コントローラー）

メインバッテリー（オルタネーター）とソーラーパネルからの電力をコントロールしながらサブバッテリーに送り、充電する機器

サブバッテリー

エンジン停止中でも車内で電気を使えるようにするためのバッテリー

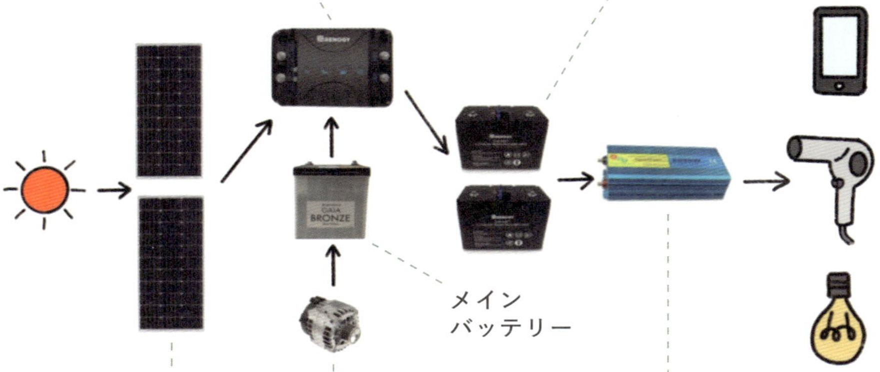

ソーラーパネル

オルタネーター

エンジンの回転から電気を生成する発電機。電気はメインバッテリーに充電される

インバーター

電圧を12Vから家庭用コンセントと同じ100Vに変換する機器

Bluetooth モジュールについて

走行充電器に差し込むことで、メインバッテリー・ソーラーパネルからの電力情報を携帯端末で確認できる。

電気配線動画はこちら →

リチウム化動画はこちら →

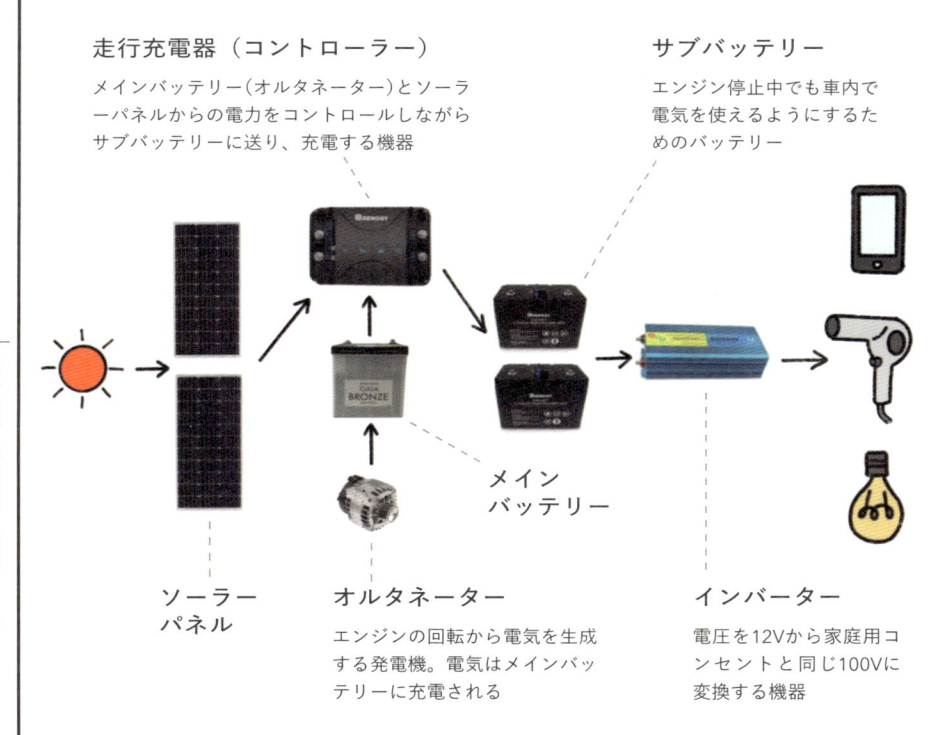

各機器の接続手順と基本

ここで紹介するのはあくまで私たちが組んだ配線手順です。機器によって配線の太さやヒューズは異なります。電気配線を扱う場合は必ず知識をつけてから、十分注意して行ってください。

基本① 各機器の接続手順

プラスの配線からつなげるのが基本。外すときはマイナスから。

基本② 各機器の配置を決めておく

コントローラーやサブバッテリー、インバーターの配置を決めておくことで、使用する配線の長さも先に調整できる。

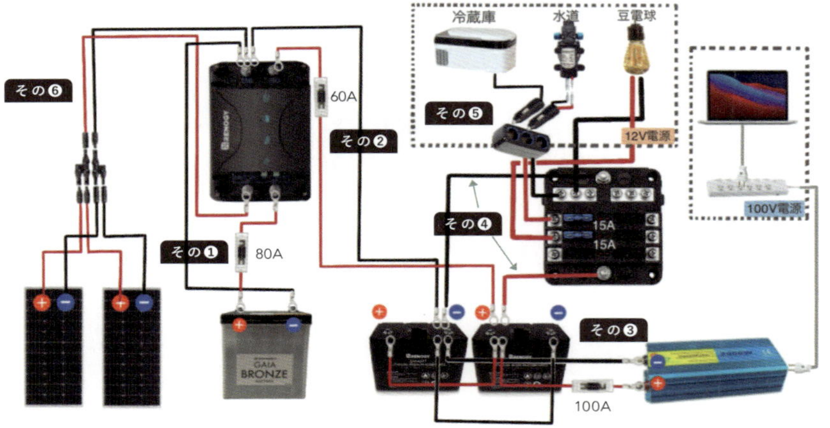

その① メインバッテリーとコントローラーをつなげる

1. 配線は 22sq を用意
2. 丸型端子（R22-8）を付ける
3. 80A の ANL ヒューズを付ける
4. メインバッテリーとコントローラーの配線をつなぐ

その② コントローラーとサブバッテリーをつなげる

5. 配線は 22sq を用意
6. 丸形端子（R22-8）を付ける
7. 60A の ANL ヒューズを付ける
8. コントローラーとサブバッテリーの配線をつなぐ
   ※バッテリーが並列の場合は片方のプラス、片方のマイナスにつなぐ

その❸ サブバッテリーとインバーターをつなげる

⑨ 配線は38sqを用意
⑩ 丸型端子（R38-10）を付ける
⑪ 100AのANLヒューズを付ける
⑫ サブバッテリーとインバーターの配線をつなぐ
⑬ インバータにコンセントを挿し込めば家電が使える

その❹ サブバッテリーとヒューズボックスをつなげる

⑭ 配線は2sqを用意
⑮ 丸型端子（R5.5-6）を付ける
⑯ サブバッテリーとヒューズボックスの配線をつなぐ

その❺ ヒューズボックスから12V機器へ

⑰ 配線は1.25sqを用意
⑱ ヒューズボックズ側に丸型端子（R2-4）を付ける
⑲ ギボシ端子を使って12V機器とつなぐ
⑳ 電源をオンオフさせたい物は、間にスイッチを入れる

その❻ ソーラーパネルを使用する場合

㉑ Y字型コネクタを使用してつなぐ（配線図参照）
㉒ 車内に配線を引き込み、シーリング材で固定する
㉓ 配線を走行充電器とつなぐ
※雨水を防ぐため配線は折り込んで車内へ引き込む

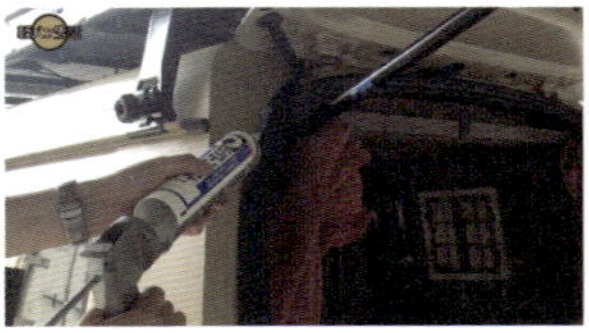

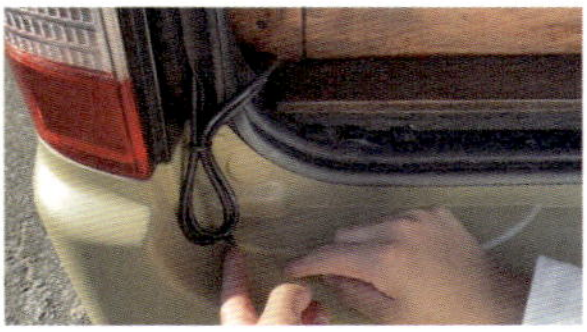

12V機器のつなげ方

❶ 12V機器の配線でプラスとマイナスを確認する
※基本的に赤色や白ラインが入ってる方がプラス。検電テスターで確認必須

❷ 被覆を剥く
❸ ギボシ端子を付ける
❹ ヒューズボックスからのギボシ端子と接合する

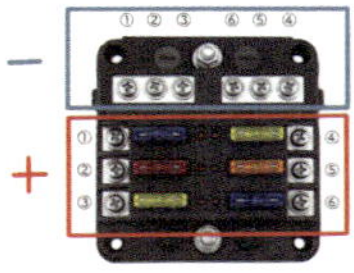

端子の付け方

※配線は1.25sqのものを使う場合。

❶ 被覆を剥く

圧着ペンチの1.25の部分で5mm程度被覆をむき、芯線を指でねじる。

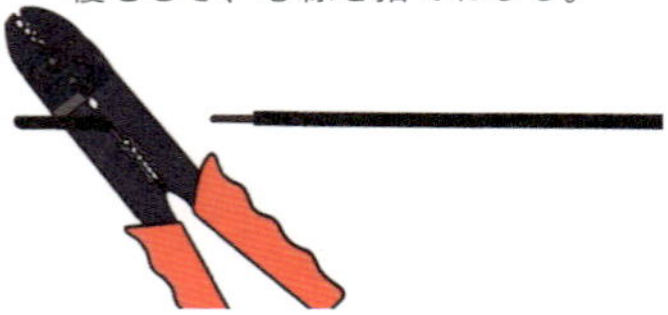

❷ スリーブを入れる

※忘れがちなので注意！

❸ 端子をセットする

❹ 小さいツメをかしめる（接合することを“かしめる”という）

端子の芯線側にある小さい方のツメからかしめる。

※圧着ペンチの大きめの穴（3.0〜5.0）で軽く挟んで仮かしめ、次により小さめの穴（1.25〜2.0）で本かしめを行うことで、芯線を正しく端子で締め付けられる。

❺ 大きいツメをかしめる

大きい方のツメも同様の手順で二段階でかしめる。しっかりと端子が取り付けられているかどうか軽く引っ張って確認。

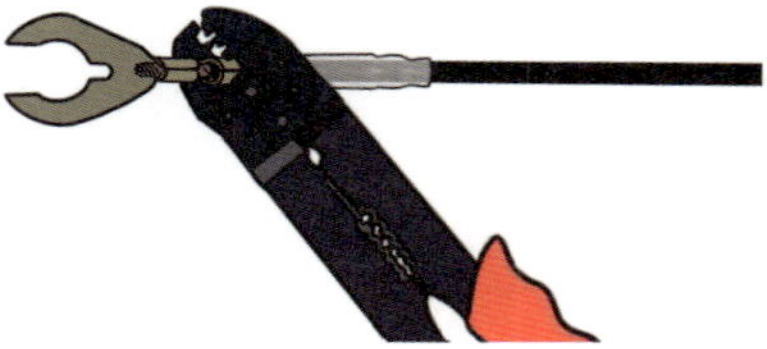

❻ スリーブをかぶせる

通しておいたスリーブをギボシ端子にかぶせる。

❼ 接続する

ギボシ端子の場合、オスとメスが噛み合うまで差し込む。ショート防止のため、電源側のプラスにメスの端子を組む。（図1参照）

（図 1）

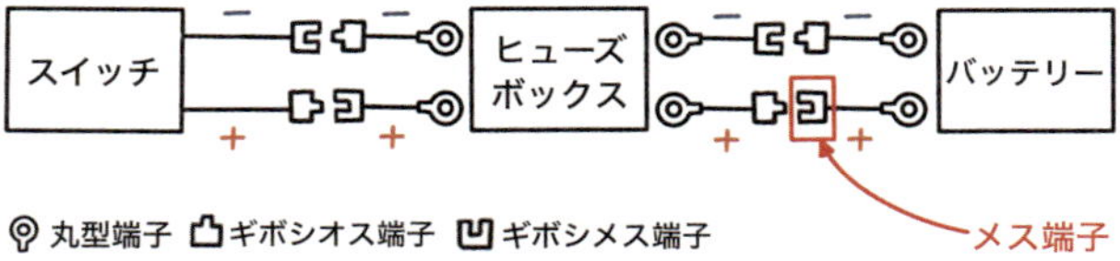

スイッチ
ヒューズ
ボックス
バッテリー
−
+
メス端子
丸型端子
ギボシオス端子
ギボシメス端子

ANL ヒューズの取り付け方

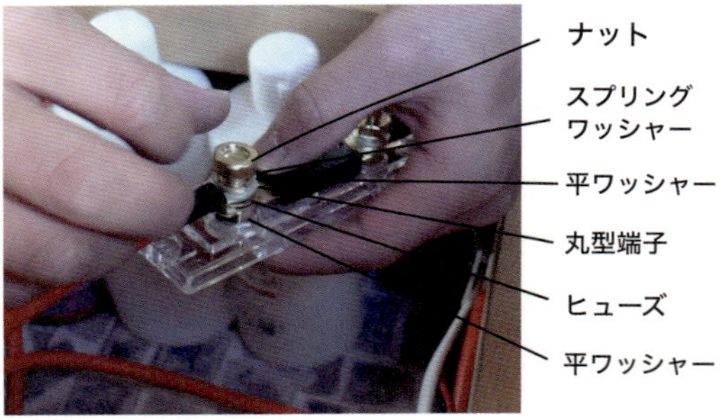

ナット
スプリング
ワッシャー
平ワッシャー
丸型端子
ヒューズ
平ワッシャー

1. ケーブルに丸型端子を付ける
2. 下から平ワッシャー、ヒューズ、丸型端子、平ワッシャー、スプリングワッシャーの順に重ねる
3. ナットをかぶせてスパナでしっかり締める

用途別おすすめ設定

電気の組み方は車中泊の期間や使用する家電などによって変わります。電気配線を組む方は、自分の車中泊スタイルに合わせて参考にしてみてください！

簡易型

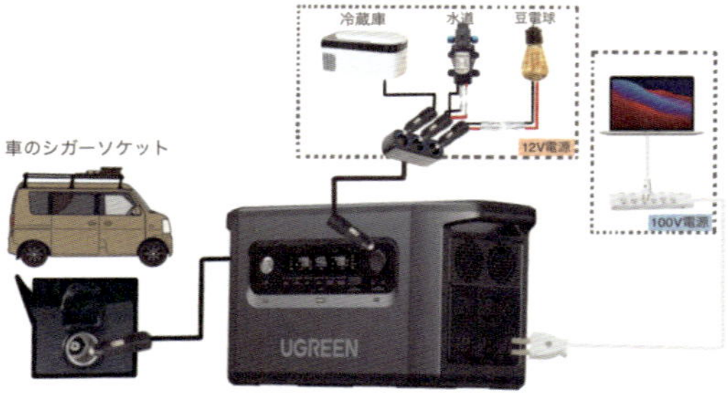

ポータブル電源

メリット

配線に手間をかけたくない方、電気の知識がなくて不安な方には、細かい配線を組む必要のないポータブル電源がおすすめです。
持ち運び可能なポタ電なら車外での利用や充電も可能。キャンプ車中泊にも向いています。

一体型

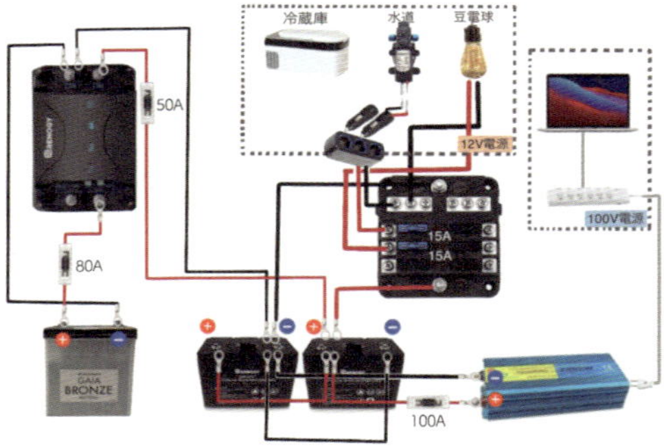

走行充電

メリット

車内のスペースをフル活用したい方、荷物の都合などで配線をすっきりさせたい方は、サブバッテリーシステムを組むことをおすすめします。
また、中期的な旅や車中泊であれば、走行充電のみでも十分です。

長期型

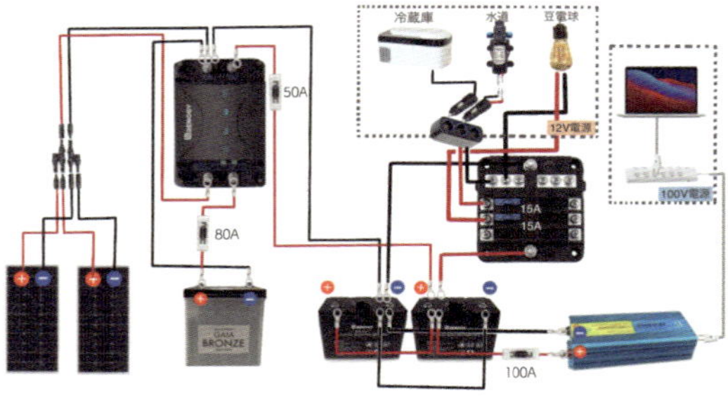

ソーラーパネル＋走行充電

メリット

長期の車中泊を考えている方にはおすすめの設定です。
長期となると特に移動しない日もあると思いますが、ソーラーパネルを追加することで、より安定した電気の供給が可能になります。悪天候でまったく動けない時期が続かない限り、いつでも安心して電気を使用できます。

※キャンプ場などのコンセントから直接充電する「外部充電」という方法もあります。

気になる軽バンDIY

費用とコストダウン法

インバーターはIHを使うので2000W

電気機器類（機械類）

ディープサイクルバッテリー 105Ah（13,200円×5）	66,000 円
ソーラーパネル＋コントローラーセット	47,000 円
インバーター 2000W	25,000 円
合計	139,000 円

揃える必要があった

工具類

ジグソー	44,200 円
インパクトドライバー	37,000 円
圧着ペンチ（JIS）	5,000 円
	など
合計	96,900 円

※一部の工具は借り物。

電気機器類（配線類）

走行充電コントローラー	29,000 円
バッテリープロテクター	10,100 円
ANL ヒューズ（1,100 円× 4）	4,400 円
	など
合計	46,300 円

脚立は椅子がわりに

外装（ルーフキャリア）

ルーフキャリア	19,500 円
木目調脚立（3,000円×2）	6,000 円
吊り下げ LED ライト	2,000 円
	など
合計	33,100 円

内装（木材以外）

ウレタンニス 2 個	3,000 円
引き出しスライドレール	2,500 円
超強力両面テープ（1,200円×2）	2,400 円
	など
合計	10,000 円

手塗りは業者より断然安上がり

外装塗装

車用塗料 3kg	8,800 円
ワックスオフ	1,500 円
つや消し黒（700 円× 2）	1,400 円
	など
合計	14,300 円

出発前のDIY費用は自動車代を除いて48万9100円。この値段は失敗や買い直しの費用も含まれています。

●DIY初心者だったこともあり、木材のカットに何度も失敗して買い直すことが多かった。

●鉛バッテリーを横置きし、液漏れしてしまい、買い直し。業者に引き取ってもらった。

●タイムイズマネー。計画性を持つことでもう少し施工時間を短縮できた。お金をかけるほどよい工具、よい設備にはなりますが、完成後の旅の資金も考えて計画することが大切でした。人それぞれこだわりたい部分は違うので、予算をしっかり決めて取捨選択をしていきましょう。

冷蔵庫は買って正解！

ベッド

合皮レザー（2,900円×5m）	14,500円
マットレス	4,000円
スプレーボンド2本	2,000円
	など

合計 **20,500円**

キッチン周り

車載用冷蔵庫20L	18,000円
ホース引き出し式蛇口	13,000円
小型シンク	9,000円
	など

合計 **50,100円**

レコーダーは防犯に必須

天井

遮音シート	6,000円
裸電球	1,500円
銀マット	1,300円
	など

合計 **50,100円**

運転席周り

シートカバー	11,900円
ドライブレコーダー	10,000円
ハンドルカバー	3,000円
	など

合計 **29,700円**

木材は都度買い足したので概算

その他（木材、ビス、端子など）

ワンバイ材、普通合板、ファルカタ材、角材

パンチングボード／ビス類／端子類 など

約 **3～5万円**

DIY費用 **48万9,100円**

自動車代 **38万円**

総額
86万9100円

※2020年当時の金額で計算しています。

これから始めたい方へ！ざっくり計算

上記の総額は、私たちの失敗による買い直し費用も含まれているので、それらを差し引いた上で、ざっくり計算してみました。

① 簡易的に車中泊を始める場合

- 定格1200Wのポータブル電源に置き換える（＋99,990円）
- 不要なバッテリーや機器類を差し引く（－169,300円）
- キッチン設備も不要（－50,100円）

DIY総額 **369,690円**

② 本格的な電気設備の場合

- リン酸鉄リチウムイオンバッテリー搭載（＋198,000円）
- 不要なバッテリーや機器類を差し引く（－94,100円）

DIY総額 **593,000円**

COLUMN 1

DIYについてちょっと気になるQ&A

軽バンDIYでよく聞かれる質問にお答えします。みなさんが気になる車検やDIY失敗談、こだわりポイントなどについてもお話ししています！

Q 軽バン DIY をしようと決めた理由は？

A 自分たちにとって過ごしやすい空間を作りたかったからです。長期旅をするとなると、荷物も多く、収納場所や快適に睡眠をとれる空間が必要だったのでDIYをしようと決めました。

Q 車はどうやって選んだの？

A 予算の関係もあってネットで中古車を探しました。価格だけでなく、年式や走行距離をじっくり見ながら、DIYしやすい車種に絞って調べました。運よくすぐに見つかり、埼玉県まで取りに行きました！

Q 2 人それぞれのこだわりポイントはどこ？

A **はやと** →1枚の合板から作り上げた板張りの天井。
あかね →かわいいサイズ感とデスクにもなる機能性を兼ね備えたキッチン。

Q 一番苦労した工程はどこ？

A **はやと**→電気配線。人生で一番熱心に勉強しました。
あかね→外装の塗装。塗装が長持ちするようにヤスリがけを3重くらいしましたが、果てしなく長くて地味な作業でした。

Q DIYの反省点はある？

A 換気扇の設置と冷蔵庫の排熱穴を空けていなかったこと。結局どちらも旅の途中で作りました。特に換気扇は、夏や調理の際にかなり重宝するので、始めから設置すればよかったと思いました。

Q 器用じゃなくてもDIYはできる？

A どのようなDIYをしたいかによると思います。今はネット上にもDIYの情報がたくさんあるので、自分で調べればできる部分も結構あります。安全第一のため、工具の扱いや電気配線の知識をしっかり覚えることが大切です。

Q 旅の途中で故障したらどうするの？

A 最寄りのディーラーに持って行くかJAFを呼びます。修理に時間がかかると旅が滞ってしまうため、普段からこまめなメンテナスを心がけています。

Q
DIY した車でも車検は通るの？

A
車検項目をクリアしていれば通ります。ただ、車検場所によっては細かい部分の判断基準が異なるので、私たちも陸運局まで車を持ち出して聞きに行ったり、電話で何度も問い合わせて、無事に通りました。下記の2つはDIYするうえで特に注意すべきポイントです。

Q
カーテン取り付けの注意点は？

A
カーテンが窓ガラスに一切触れない構造になっていること、運転席より後ろでしっかり結べる構造になっていることなど、道路運送車両の保安基準に反していなければ問題ありません。
（道路運送車両の保安基準 第29条、第195条を参照）

Q
天井 DIY での注意点は？

A
天井は難燃性の素材を使用する必要があります。難燃性の証明書がある物、もしくは、合板を含む厚さ3mm以上の木製の板であれば問題ありません。（道路運送車両の保安基準第20条を参照）

Q
DIY した車でも自動車保険は入れるの？

A
入れます。ただし、構造変更などをしている場合はネット専用の自動車保険には入れませんでした。車検証と契約内容が一致していないと保険が適用されないこともあるので、保険会社に直接電話で確認をしたうえ、申し込みが必要です。

Chapter 2

季節ごとの
快適グッズ&アイデア

猛暑や極寒など、
日本の四季をできるだけ快適に過ごすために、
実際に試してよかった便利グッズや
試行錯誤から生まれた車内を快適にする
アイデアを紹介！

買ってよかった
おすすめ便利アイテム

　車中泊グッズは最初に持っていった物だけでなく、旅の途中で購入した物も。実際に試してみて、「買ってよかった！」と感じたグッズを紹介します。「調理」グッズは水・電力に制限がある車内でも効率よく調理できるよう、機能性の高い物を選びました。また、コンパクトさも大切なので、限られた収納スペースでも取り出し・保管しやすい物を厳選しています。「生活」グッズは車内の快適さに大きく関わってきます。たとえば遮光性の高いカーテンを取り付け、改めて自分に合う寝具を探すなど。ポータブル電源があれば車内で仕事もできます。

　持ち物を増やせばそのぶんスペースは狭くなるので、あらかじめ収納場所を考えておくことも重要です。

COOKING GOODS
調理グッズ

IHコンロ

電力に余裕ができてから購入した大型のポータブルIHコンロ。以前使っていたガスコンロと比べると、使用済みボンベが出ず片づけも手軽。

オススメ！
サンコーおひとり様用超高速弁当箱炊飯器

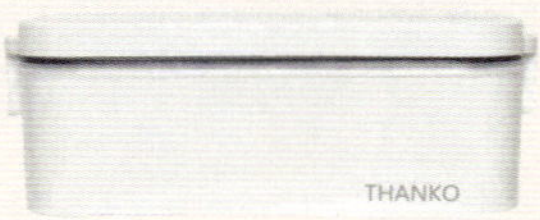

小型炊飯器

本来は1人用だが茶碗2杯分のご飯が炊ける。15分で調理ができるので、無洗米を使えば水と時間の節約にも。なによりコンパクト！

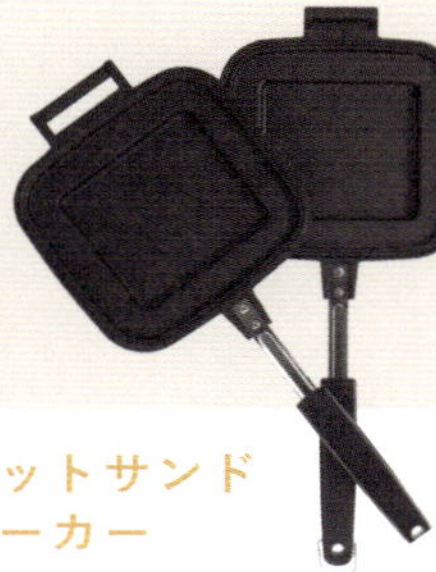

ホットサンドメーカー

ホットサンドだけでなく、だし巻き卵や冷凍食品の解凍など、いろいろな調理に大活躍。

電気ポット

0.9kgとコンパクトなのに、500㎖沸かせるので2人なら十分。保温機能やぬくもりのあるデザインがお気に入り。

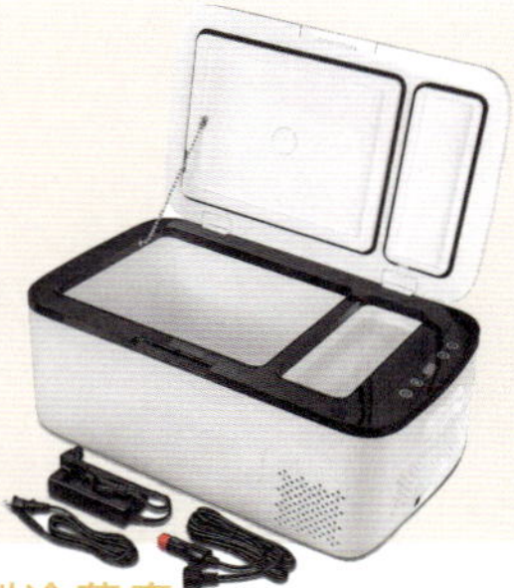

小型冷蔵庫

床下収納用に上開きタイプの20Lサイズを購入。わずかだが冷凍スペースもあり、これが意外と大活躍。車内での調理を重視するなら必須。

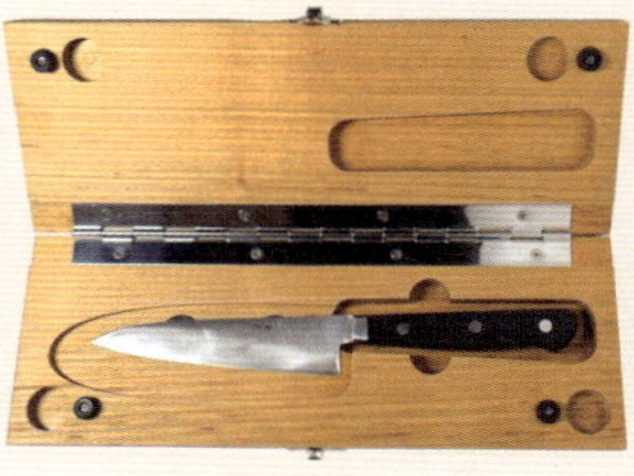

折りたたみまな板

一般のキッチンと比べてシンクが小さいので、まな板は小型で洗いやすい物を。コンパクトに折りたためば収納も簡単に。

LIFE GOODS
生活グッズ

遮光カーテン

朝日に照らされてもぐっすり眠れる遮光性の高いカーテン。プライバシーを守り、開け閉めも楽々。車内も家のような雰囲気に。

オススメ!

Life is a great JOURNEY.
JOURNEY PILLOW

コンパクト枕

硬過ぎず柔らか過ぎず、車内でもぐっすり寝られる枕。1/3サイズまで折りたたんで持ち運べるので、収納スペースにも困らない。

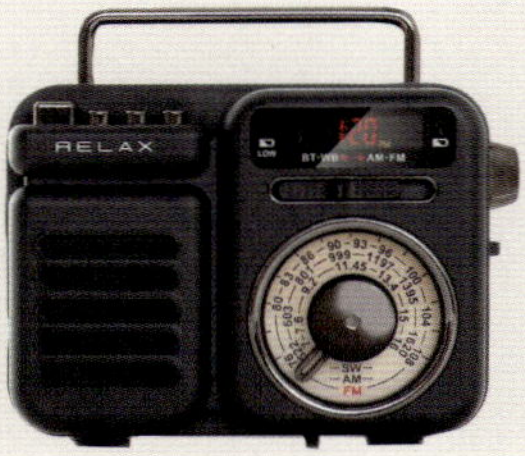

ラジオ

FM・AMラジオ、Bluetoothスピーカー、LEDライトを搭載。手回し充電も可能なので災害時にも使える。低音の効いた音質は想像以上。

セリア 携帯トイレ
オススメ!

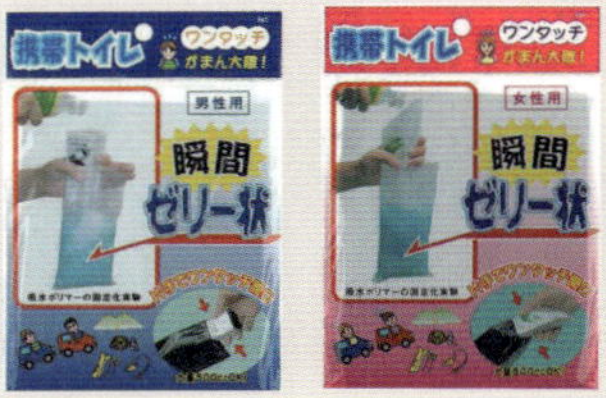

携帯トイレ

普段は使わないが、トイレが使えない場所の車中泊に備えて用意。容量の大きい500mℓは100円ショップで購入できる。

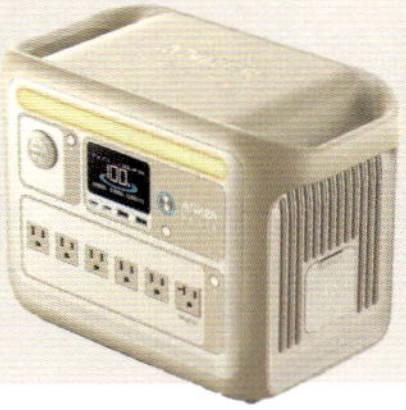

ポータブル電源

持ち運べるのでキャンプや釣りに行くときも活躍。サブバッテリーとの併用で電気不足も完全解消。大きさは車のサイズや電気の使用頻度で選ぶ。

十徳ナイフ

ドライバーやナイフ、ペンチなど、かゆいところに手が届く便利グッズ。簡単なメンテナンスやキャンプに使え、普段はコンパクトにしまえるのも◎。

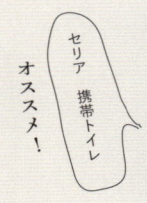

不要だった物

ここでは旅に持って行ったけれど、意外と必要なかったグッズを紹介します。

基本的にどの地域にもスーパーやドラッグストアはあるので、必要以上に日用品のストックは不要です。車内の収納スペースは限られているので、「なくなりそうになったら買う」と考えておけば不便はしませんでした。また、お金を払ってでも施設の物を利用した方が手っ取り早いということもあります。

158ページの「車中泊持ち物チェックリスト」では車中泊で特に必要なものをまとめているので、ぜひ参考にしてみてください。

ドライヤー

ドライヤーのない銭湯に備えて用意したが、ほとんどの場所に設置されていた。古い銭湯でも3分30円で使えるところが大半で、その場で払う方が手軽。

折りたたみバケツ、ハンガー

節約のため手洗いでの洗濯を想定したが、コインランドリーを利用したため一度も使わなかった。ハンガーも洗濯バサミ付きが1～2個あれば十分。

食器干し用網カゴ

最初の頃は使っていたが、食器が乾くまでぶら下げておくとかなり場所を取る。洗った後すぐ拭いて収納した方がいいと気付いて使わなくなった。

保冷用水筒

夏に冷たい物を飲もうと2人分買ったが、入れ替えが面倒で使わなかった。ペットボトルの水を2本まとめて買い、1本を冷蔵庫で冷やしておく方が楽。

バスケットゴール

スペースがある場所で取り付けて遊んでいたが、おもちゃでは物足りなくなってしまい、ボールを購入してバスケットコートを探すようになった。

家庭用常備薬

「旅先で胃が痛くなったら、熱が出たら……」と考えていろいろな薬を用意したが、各地の薬局ですぐ買えるため、あまり必要なかった。

季節ごとの快適な過ごし方

暑さ・寒さは対策次第！

SUMMER 夏の過ごし方

対策❶ 涼しい場所へ移動・施設の利用

標高が100m上がると気温は0.6°C下がります。つまり標高1000mなら平地に比べてマイナス6°C。高地のオートキャンプ場・道の駅では涼しく眠れました。ただ、電波の届かない場所もあるので注意が必要です。

それでも猛暑の8月には夜の車内が30°C以上になることもあり、あまりの暑さに軽バン生活の一時中断も考えたほど。それからは夏の旅を続けるためにゲストハウス・格安ホテルといった宿泊施設の利用も選択肢に入れています。自炊もできるゲストハウスは健康面からもおすすめです。

夏の暑さは車中泊で避けられない悩みの種です。車内は外気の影響を受けやすく、ただでさえ熱がこもりやすい上に、家電製品を稼働させていると排気熱もこもります。

さらに道の駅ではマナー上、エンジンをかけたまま寝るのはNG。エアコンは付けられないし、スペースの制限があるためポータブルクーラーも積めません。最初のうちは暑さでよく眠れず、体調を崩してしまうこともありました。

それでも長期で旅を続けられるよう、いろいろ暑さ対策を試した結果、猛暑日でなければ夏でも快適に過ごせる期間が増えました。

対策❷ グッズを活用

猛暑続きの夏には、コンパクトで高機能なグッズを活用。体感温度はクーラーがなくても下げられます。

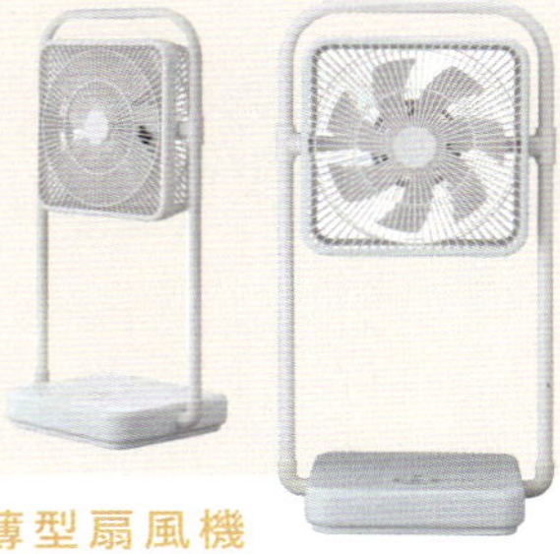

薄型扇風機

スリムタイプで場所を取らない折りたたみ式扇風機。フックに吊り下げて使っており、上下の風向きも調節できる。調理時などは外に向ければ換気扇としても使用可能。

オススメ！
モダンデコ
SPEED COOLER

冷却ジェルマット

内側のジェルに冷感効果のある夏用のマットレス。ひんやりした寝心地で、体温で温まっても寝返りすれば効果は復活。やや重めだが、折りたためば収納も簡単。

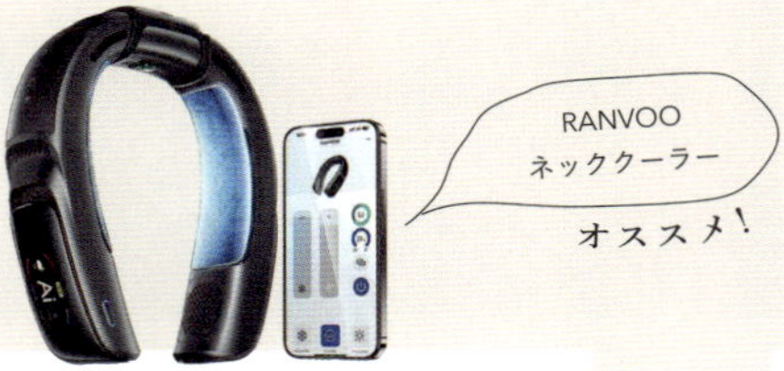
RANVOO
ネッククーラー
オススメ！

首かけクーラー

首・顔に風を直接当てる首かけ型扇風機。16〜50℃まで調節できて寒い時期も使える。温度調節、Bluetoothスピーカー機能付き。蒸し暑い程度ならこれだけで充分。

オススメ！
KINCHO
蚊がいなくなる
スプレー
蚊がいなくなるスプレー
ローズの香り
200
KINCHO

防虫スプレー

いろいろと蚊の対策をしてきたが、結局これが最強。停車してお出かけへ行く際にワンプッシュしておくと本当に蚊が駆除できる。

車中泊での暑さが気になり始めるのは5月。夜の屋外はまだ涼しい時期ですが、車内では少しずつ寝苦しさを感じるようになってきます。

そんな暑さの原因は車内環境にありました。狭い車内での自炊、床下にある冷蔵庫・インバーターの熱などがうまく放出できず、車内にずっと残っていたのです。

そこで考えた対策は「空気を十分に循環させる」こと。左右の窓に網戸と換気扇を取り付け、さらに扇風機も回して車内の空気を循環させました。

涼しい外気が入るようになって車内環境は大きく改善。前ページで紹介したグッズもうまく併用すれば、暑さの厳しい真夏以外は快適に過ごせるようになりました。

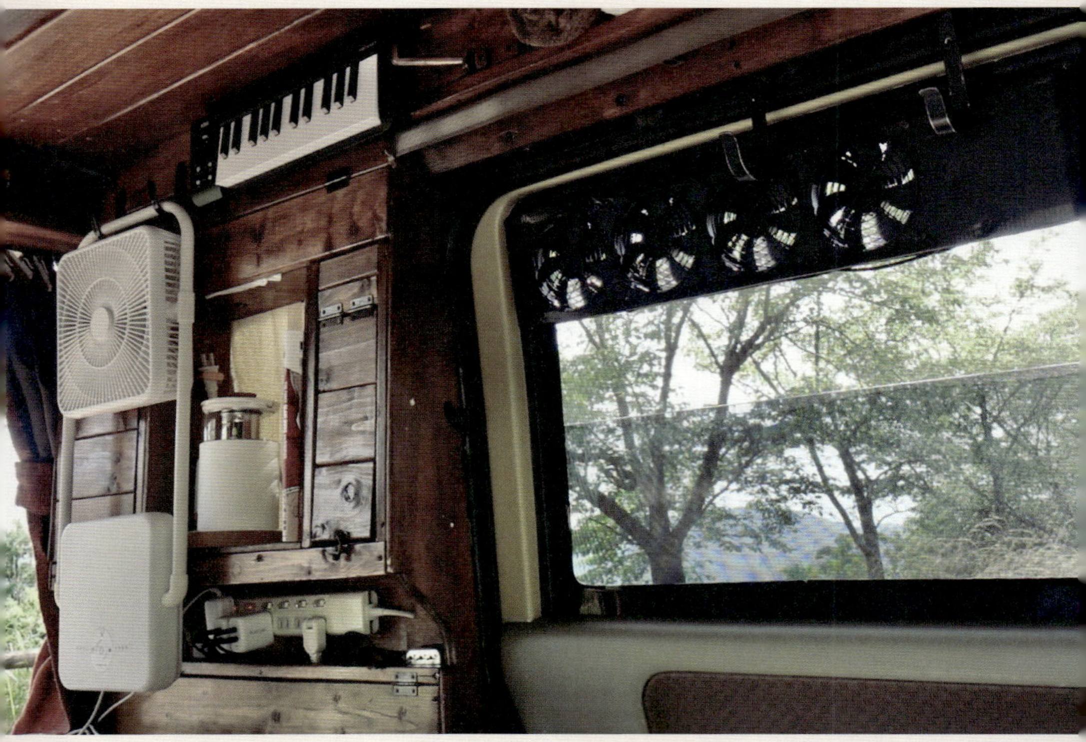

対策❸ 網戸＋扇風機の活用

換気対策にまず採用したのは網戸です。窓を開けたいところですが、夏は虫が侵入してくるので網戸を付けて空気の通り道を作りました。さらにバックドアに吊り下げた扇風機で風を送り、空気が循環するようにしています。

対策❹ 換気扇の設置

換気の効率を上げるため、両方の網戸に換気扇を設置しました。換気扇はPCの冷却用ファンからDIYしたもので、5V・12Vの出力切り替えが可能です。

換気扇は耐熱性の両面テープとマジックテープで網戸に固定。一方を吸気、もう一方を排気にすれば、車外との空気の流れができます。

普段は5Vで使用し、一気に換気する際に12Vに切り換えています。

4連換気扇のDIY工程

1 ファンを分解してパーツやビスを塗装する。

2 換気扇の配線と電源スイッチを接続する。

3 窓に合わせてカットしたプラダンを型取り、丸くくり抜く。

4 ファンとバッテリーを挟み、角には木材を入れてビスで固定する。

5 耐熱マジックテープで網戸に取り付ける。

6 床暖房状態になるのを防ぐため、ファンは床下のインバーター・冷蔵庫の側面にも設置。

WINTER
冬の過ごし方

対策❶ 羽毛布団のすすめ

　寒さ対策で最も役立ったのが羽毛布団でした。とにかく温かい上に通気性がよく、家らしい雰囲気に近づいたので気に入っています。一度だけ電気毛布を使いましたが、むしろ暑いくらいで必要ありませんでした。羽毛布団はカバーに入れておけばある程度コンパクトになるので、冬はこれで乗り切ることができました。

車中泊をする上で、冬は夏に比べると過ごしやすい季節です。夏に悩まされた熱のこもりやすさも、冬は大きな味方になってくれます。特に調理の際は車内が温まりやすいので、快適に過ごすことができます。

ただ、地域によっては路面の凍結や悪天候に注意が必要。安全に車旅を続けるためにスタッドレスタイヤなどの装備も欠かせません。

移動ができるので、真冬に豪雪の地域は避けるようにしていますが、突然の大雪に遭うことも。新たな寒さ問題に直面したら、また工夫して乗り切ろうと思っています。

対策❷ グッズを活用

冬用グッズも暖をとれるコンパクトな物や、悪天候を乗り越えるためのアイテムを備えておきます。

ランタン型加湿器

冬場の乾燥対策に使っているコンパクトな加湿器。LEDライトの明るさ調節もできてキャンプや寝る前に大活躍。デザインも◎。

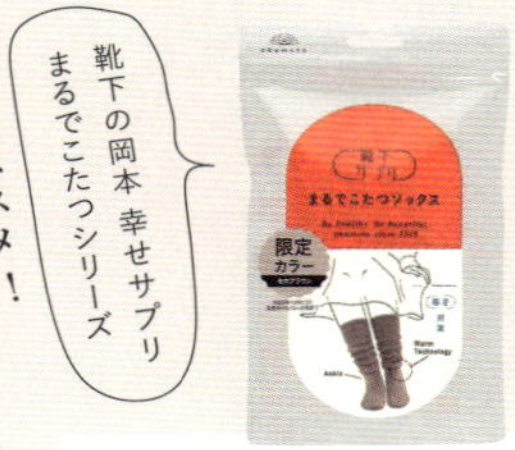
靴下の岡本 幸せサプリ
まるでこたつシリーズ
オススメ！
まるでこたつソックス
限定カラー

温熱靴下

体を温めるにはまず足元から。発熱素材で足首を温めてくれ、こたつに入っているような感覚に。冷え症の人には日常使いもおすすめ。

電気毛布

羽毛布団と同時に使うと汗をかくほどの体感温度に。敷くだけで温かいので、普段は電源を入れず、マットレスとして利用。

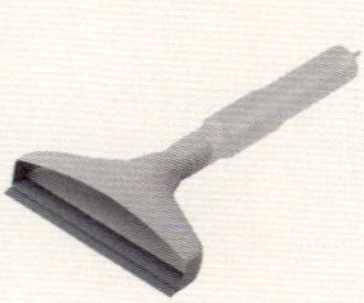

結露ワイパー

冬の車中泊では窓が結露しやすい。タオルよりもササッと拭き取れるのでとっても便利。

一酸化炭素チェッカー

排気管が雪で覆われると一酸化炭素中毒を引き起こす可能性があるので、未然に防ぐために設置。

タイヤチェーン

突然の大雪や凍結路に備えて、常にルーフキャリアのボックスに入れています。

対策❸ 冷気を遮断する

冬に車内が冷える理由は車外から伝わる冷気。真冬は氷点下になる場所で車中泊することもあります。私たちの場合、冬の夜はカーテンで冷気を遮断し、床とマットレスで底冷えを防いでいます。

市販の断熱シェードや、自作で保温パネルをDIYして対策する方法もあります。

対策❹ メンテナンスの強化

路面凍結・積雪があるのは雪国だけに限りません。本州・四国でも凍結している地域があったので、真冬はどこでも注意が必要です。さらに寒い地域では、ウォッシャータンクや冷却水を原液に交換。水で薄めた液のままだと凍結し、エンジンのオーバーヒートを起こす可能性があります。また、豪雪による立ち往生などに備えて、ガソリンは常に満タンにしておくよう心がけていました。

悪天候時の過ごし方

雨

雨の日はトイレへ行くときが大変ですが、雨音を聞きながら車中泊をするのは意外と心地がよく楽しい時間です。

ただし、駐車場所には気をつけています。大雨の予報が出ているときは、川の氾濫や土砂崩れのおそれがある場所には近づきません。明るいうちにお風呂や給油を済ませ、立体駐車場など安全な場所に車を停めます。台風などで天気が荒れることが事前にわかっていれば、無理をしないで宿泊施設を探すこともあります。

雪

スタッドレスタイヤだけで対応できない大雪ではチェーン装着が必須。雪景色などの絶景も見たいのですが、あまりに雪深い場所では車中泊もひと苦労です。

好きな場所に行けるのが車中泊のいいところなので、冬場は北海道、北陸などの降雪地域を避け、暖かいシーズンに訪れます。

ちなみに、悪天候時は特にトイレに行くのが大変ですが、水を控えるとエコノミークラス症候群になる危険性が上がるので我慢はせず、万が一の為に携帯用トイレも常備しています。

Yahoo! 天気アプリ

天気予報はもちろん、雨雲レーダーで瞬時に雨が降っているエリアを確認できます。これで確認しながら、車を移動させたり目的地を変更したりすることもあります。

Yahoo! 防災速報アプリ

地震や洪水、土砂災害が予測される危険なエリアを通知してくれます。土地勘のない地域では非常に役立ちます。

COLUMN 2

車生活についてちょっと気になるQ&A

車生活でよく聞かれる質問にお答えします。また、Chapter3では車生活についてさらに詳細に紹介していますので、あわせてご覧ください！

Q 荷物はどこで受け取るの？

A 受け取り場所を配送業者の営業所、郵便局、コンビニ受け取り、宅配便ロッカーなどに指定して取りに行っています。

Q 税金や保険はどうやって払うの？

A 住民票を置いている実家に通知が届くので、衣替えなどで帰ったときにまとめて支払っています。ネット支払いが可能なものは、バーコードを画像で送ってもらって決済しています。

Q 病気になったらどうするの？

A ネットで調べて近隣の病院に行き、軽い症状であれば薬をもらって解決します。ただ、歯医者の場合は何度も通う必要があるため、少し大変です。

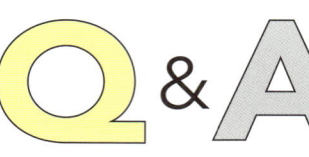

Q 1人になりたいときはどうするの？

A スーパー銭湯や温泉に行ったときは時間を決めず、それぞれ過ごすことが多いです。また、片方がカフェで仕事をしているときに、もう1人は車内で休憩することも。意識的に1人の時間をとるようにしています。

Q 仕事はどうしているの？

A 今は個人事業主として、YouTubeの広告収入や案件が主な収入となっています。車旅を始めた頃は貯金を切り崩しながら旅の資金にあてていました。

Q 毎日の予定はどうやって立てているの？

A 前日に天気を確認して、観光に行くか、デスクワークをするかをざっくり決めています。お風呂や昼食は当日にGoogleマップで探して決めることが多いです。

Q 家に帰ることはあるの？

A 車検や友人の結婚式など年に1,2回は帰ることがあります。ただ、免許更新はゴールド免許であれば全国どこでも可能と知り、旅先で更新できました。

Q 車中泊のメリットは？

A 時間も決まっていないので自由に予定を立てられます。深夜に移動もできるので、渋滞を避けたり、早朝からの予定に合わせることもできます。

Q 車中泊のデメリットは？

A 毎回トイレの度に外に出ないといけないこと。また、夏はどれだけ対策しても多少の虫は入ってきてしまうこと。

Q 車中泊で怖かった経験はある？

A 車内で寝ようとしていたら、車の周りに野犬が集まってきたことがありました。そのときはすぐに移動しました。
駐車場が広くて空いているのに、車が真隣に来るのも結構怖いです。

Q なぜ車生活をしようと思ったの？

A 日本全国を回りながら、移住先を探すことが目的です。長期で全国を隅々まで回るとなると、宿泊費も安く、移動手段としても便利な車生活一択でした。

Chapter 3

軽バン生活と旅の日常を大公開

毎日の様子がわかるタイムスケジュールから、
生活に欠かせない水やゴミ問題の解決法、
知っておくと便利な施設情報など、
生活周りの情報を紹介！

リアルな日常を大公開！

軽バン生活の一日

撮影のない普段のスケジュール

基本的にスケジュールは行き先や移動距離次第。
車生活の普段の日常は、こんな感じで行動しています。

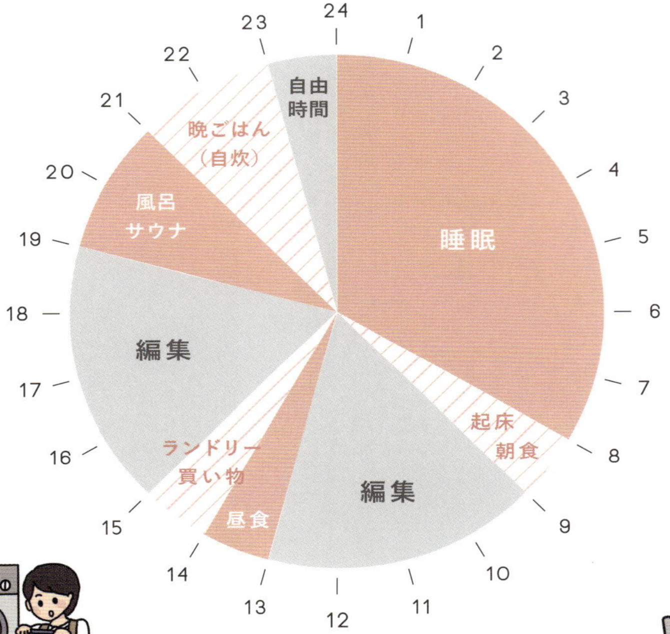

旅をしながら車生活を続けている私たちにとって、軽バンは移動手段だけでなく住居と同様です。

旅に出ているという特別な感覚はありますが、食事・洗濯・風呂・掃除といった日常生活に変わりはありません。

ここでは、普段の日常、YouTube撮影や編集をする日のスケジュールをご紹介します。

車生活では何をするにしても、探す時間、移動する時間が伴うのが大変なところ。お風呂へ行くのに片道30分以上かかることもあります。なかなかスケジュール通りとはいきませんが、地元の方との出会いや素敵な温泉を発見したりなど、毎日違った風景を見れるのは車生活の醍醐味だと感じています。

08:00

起床

歯磨き、着替え、トイレを済ませる。車内を片付け、前席を起こして運転モードに。普段から座っていることが多いので、朝の30分は周囲を散歩したり少し運動したりして、リフレッシュしています。

朝ごはん

時間に余裕のある日はホットサンドなどで調理しますが、基本的にはプロテインを2人で飲んで済ませています。

08:40

出発

出発したら助手席で化粧タイム。助手席前にコンセントを付けたのでヘアアイロンも使えます。次の到着地までは音楽をかけながら移動します。天気がいい日は最高。

09:00

動画編集作業

PC作業をしたいのでコンセントが使える店舗へ。動画編集やSNS管理、メール返信など、各自それぞれ行います。オンラインのミーティングがあるときは車内へ戻って会議をすることも。

昼

13:00

お昼ごはん

作業をしている店舗でそのまま昼食をとったり、ご当地ならではのスーパーの惣菜やお弁当を買いに行ったりします。地元の方がよく行く定食屋さんを見つけたらラッキー！　その土地に馴染むような生活は、観光とはまた違った楽しさがあります。

14:00

買い物、洗濯 など

昼食後は洗濯や給油、夕食の買い物などの用事を済ませます。給油は3〜4日に1回、洗濯は週1回、買い物は基本的に毎日行きます。その他、日用品の買い足し、洗車、散髪など用事を済ませています。

15:00

動画編集

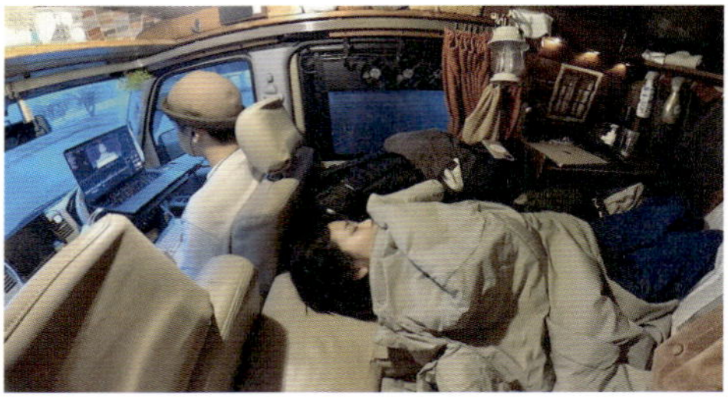

夕方まで再度PC作業。動画編集などの進み具合によっては夜まで2人で作業するので、一日中デスクに座っていることもあります。

2人の暇つぶし方法

あかね編

レトロゲーム好きなので携帯ゲーム機は手放せない。すきま時間には日記や思い出ノートを記録。

はやと編

車生活だと運動不足になりがちなので、車にチューブを引っ掛けて筋トレをしている。

18:30

お風呂・駐車場探し

その日のお風呂や寝る場所をどこにするか話し合いで決定。近くに入浴施設がなければ30分以上移動することも。主な宿泊場所は道の駅、RVパーク、オートキャンプ場、24時間解放駐車場、SAなど。ゴミや排水が出やすいときは有料施設に。

駐車場選びのポイント

1. 傾斜があると寝にくいので平らな場所に。
2. 駐車場所からトイレまでの距離をチェック。
3. 大型道路など騒音に悩まされないか確認。
4. バイクの集団、大型トラックの近くは避ける。

19:00

入浴タイム

全国の温泉・銭湯巡りも旅の醍醐味。普通の銭湯なら1時間、サウナ付きなら2時間ほど利用。ゆっくり旅の疲れをほぐします。300円以内で使えるネットカフェのシャワーで済ませる日も。

21:00

車内セッティング

駐車場に到着したら、前席を倒してマットを広げ車中泊モードに。

晩ごはん

普段は簡単に作れる鍋や事前にカットしていた野菜で炒め物が多め。調理・片付けの担当は決まっておらず、気分次第で分担。車内は狭いので、どうしても調理や片付けは少し時間がかかってしまいます。

24:00

就寝

片付けが終わり次第、お互い自由時間。ゲームやアニメ、漫画を見たりしながら就寝。

観光・撮影する日のスケジュール

朝

撮影日は朝から晩までずっと撮影。
一日中動いているので、夜はすぐに寝てしまいます。

07:00 起床

起床時間は撮影の予定次第。朝市や日の出の撮影では早朝に起きることも。

08:00 撮影開始

観光スポットを巡りながら撮影。人との出会いや天気で予定を変更することも多いので、その日のスケジュールはざっくり決めています。

12:00 昼食

ご当地グルメを堪能しながら撮影。その土地ならではの物を発信し、旅の思い出にするため、撮影のときはケチらず何を食べてもOKというルールです。お金を使い過ぎたら撮影日以外で節約！

引き続き観光地・風景の撮影＆宿泊できる駐車場探し

夜

19:00 入浴

動画内で温泉のよさを伝えたいのですが、お風呂の中は撮影許可が取れない場合がほとんど。そのため、貸切風呂を利用することも多いです。

21:00 車中飯の撮影

車内で撮影。調理シーンのための手元用カメラと、車内の全体を撮るカメラの2台を設置。

撮影しながらの調理にかかる時間は普段の3倍。完成までに4時間かかったことも……。

食器類も普段より多くなるので片付けもひと苦労。正直、車中飯撮影が一番大変かもしれません。夏は特に。

24:30 就寝

車生活の習慣について

長く快適に旅を続けるため、掃除・洗濯もこまめにしています。
食事や睡眠もひとつの空間で済ませるので、できるだけ清潔に保つように心がけています。

洗濯

洗濯はコインランドリーを利用。汚れた衣類は洗濯カゴに溜めて、週1回のペースで洗っています。洗濯、乾燥、たたむまでで最低でも1時間以上かかるので、場所によってはお風呂に入る前に洗濯物を入れておくなど工夫しています。時々、枕やカーテンも洗って車内をきれいに維持するよう心がけています。

服選びの基準

- 縮みやすい服、型崩れしやすい服は避ける。
- ポリエステルなどの乾きやすい素材は時短&節約に。
- 収納スペースに限りがあるのでかさばらない服を。
- 下着類を多めに用意しておくと、汗をかきやすい夏場も安心。

洗車・掃除

車の出入りで小石や砂が入ったり、普段の生活で小さなゴミやほこりが出るため、簡単な掃き掃除は毎日しています。洗車は最低でも月に1回。山道を走ると蜘蛛の巣や泥で汚れるので、その度に洗車に行くことも。車内の清掃は、洗車と一緒に行います。調理をするのでキッチン周りや床下収納は念入りに。

給油

ガソリン給油は3~4日に一回、夏はもう少し頻繁に給油します。特に、悪天候前には必ず給油しておくようにしています。ガソリン代は日曜日にかけて安くなるので、金・土・日曜に給油するのが安くておすすめです。

散髪

はやとは月に1回1,000円カット、もしくは銭湯併設の床屋さん。あかねはホットペッパービューティーで探して3ヶ月に1回美容室に行っています。毎回違うお店に行くので店員さんとはいつも初めまして。

1ヶ月の支出を公開！

軽バン生活のお金事情

生活費 114,000円

昼食 30,000円

昼食　30,000円
（1食500円×2人×30日）

昼食は外食か、前日に炊いたお米でおにぎりを作っています。車内での調理はどうしても時間がかかってしまうため、昼食の自炊はあまりしません。スーパーの惣菜やお弁当、ファストフード店に行くことも多いです。

夕食 44,000円

（自炊5日分）5,000円×4週＝20,000円
（外食2日分）1,500円×2人＝3,000円
3,000円×2日×4週＝24,000円

夕食はできるだけ自炊をしています。まとめ買いした野菜を車内でカットして保存すると、調理が簡単で栄養もとれます。ただし、暑い真夏は外食や火を使わない料理が中心です。

洗濯代 4,000円

1回1,000円×4回

コインランドリーは洗濯、乾燥あわせて約1,000円。週に1回は洗濯します。時々、布団やカーテンも洗います。

お風呂代 26,000円

銭湯1回500円×2人×20日=20,000円
シャワー1回300円×2人×10日=6,000円

お風呂は基本的に毎日入りますが、冬のデスクワークなどであまり動かない日は2日に1回にすることも。ネットカフェのシャワーで済ませるときもあります。

通信費 10,000円

楽天モバイル3,000円
Docomo使い放題7,000円

どんな場所でも回線がつながるよう、それぞれ別回線を契約しています。ポケットWi-Fiも試しましたが、テザリング機能を使うこの方法が最も便利でつながりやすかったです。

家賃・光熱費がかからない車旅は安上がりと思っていましたが、お金は意外とかかります。たとえば家賃の代わりだと思っているガソリン代は、出発から数年でかなり高騰していて、お財布にはなかなか厳しくなっています。

　車生活はとても楽しい体験ですが、どうしても疲れやすい部分もあり、特に私たちのような長期旅ではなおさらです。頑張り過ぎないように外食やホテル泊などを上手に利用することが、旅を長く続けるポイントなのかもしれません。

　どこを節約するかは人それぞれで、車旅の目的や設備でも変わります。旅に出る方は自分のスタイルに合わせて調整してみてください。

設備費 42,680円

ガソリン代 40,000円
1回5,000円×8回(4日に1回程度)

車生活ではガソリン代が家賃代わりです。移動距離によるので月によって大きく変動あり。

洗車代　1回 500円

洗車は最低でも月1回。山道などを走って蜘蛛の巣や虫、泥などの汚れがついたときも洗車します。車内をきれいにするため、掃除機のみ利用することもあります。

車メンテナンス費 2,180円
(年26,200円を月割り)

オイル交換は3,000kmに1回。エレメント交換は6,000kmに1回しています。オイル交換は5,500円×年4回=22,000円。エレメント交換は2,100円×年2回=4,200円です。

その他費用 25,900円

観光費 20,000円
(大きく変動あり)

観光費の予算は特に決めていません。一生に一度しか味わえないかもしれない経験なので、「値段が高いからやめよう」は極力しないことにしています。グルメや体験でお金を使い過ぎた月は他のところで節約するようにしています。

理容代 4,300円

はやとは1,000円カットに月1回、あかねは美容室(約1万円)に3か月に1回行くので、それを1ヶ月分で計算しました。

被服費 1,600円

旅の初期から着ている服が多く、収納スペースの都合であまり服を買えないという理由から、季節の変わり目の際に下着類・Tシャツなどを買うくらいです。2人で年間2万円を月割りしました。

国民年金保険料 33,960円

16,980円×2人

合計 216,540円

※個人的な買い物、サブスク、健康保険料などは除いています。
※金額は変動するため端数を切り捨てています。

生活に欠かせない問題の解決法

車生活を続けるなら向き合わなければいけない水・ゴミ問題。
通り過ぎる場所だからこそ、マナーには十分気を配っています。

PROBLEM 1

水の確保

飲み水は基本的にスーパーやコンビニで買いますが、キッチン用水は現地調達です。日本には湧水が多く、Googleマップで「湧水」と検索するとたくさんヒットするので、近くの水場に汲みに行っています。湧水は多くが無料で、有料でもお気持ち代程度。水場に賽銭箱が用意されていたら、感謝の気持ちを込めてお賽銭を必ず入れています。

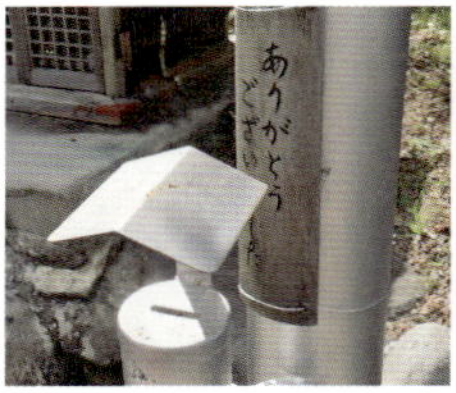

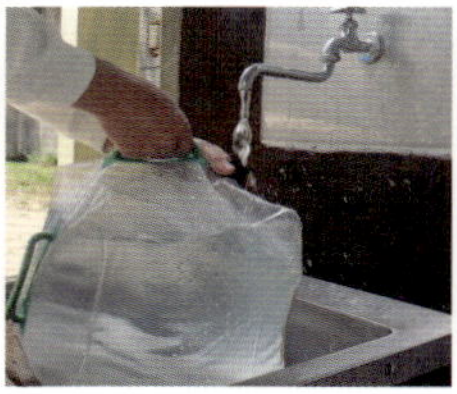

長期旅には給水サービスも

スーパーやドラッグストアの無料給水サービスも手軽な水の入手法。私たちは専用ボトルとカードで使えるイオンのサービスを利用しています。節約になり、ペットボトルなどのゴミも出ません。
ただし、サービス自体の終了や取り扱っていない店舗もあるので、利用前に公式サイトなどで確認してください。

PROBLEM 2

車中泊のゴミ問題

ゴミの処分は主にキャンプ場やガソリンスタンド。買い物や施設利用など、商品を購入した際には道の駅やコンビニでも捨てさせてもらいます。
キッチンの排水、取り扱いに注意が必要なガス缶はキャンプ場やRVパークの利用時に処分しています。こまめに捨てて溜め過ぎないようにしています。

知っておくと便利な施設活用法

頑張り過ぎず、いい意味で楽をするのが長旅を続ける秘訣。
旅を充実させる賢い施設の使い方を紹介します。

FACILITY 1
キャンプ場

自動車乗り入れ可能なオートキャンプ場は宿泊にもよく使う施設です。焚き火や外での調理などキャンプ場で楽しむだけでなく、電気不足の際や、汚れのしつこい洗い物が出たとき、生活の排水・ゴミ処理のために利用することも。生活の中でとても助けられている施設です。

FACILITY 2
ゲストハウス＆ホテル

楽しい車旅も、長期間になれば肉体・精神に疲労が溜まるもの。特に夏場などどうしても疲れが抜けないときは、宿泊施設を利用し、休息をとることもあります。「ADDress」などのサービスを上手に利用すれば格安での宿泊も可能。空調の効いた広い部屋で寝る時間も、長く車旅を続けていくためには必要です。

FACILITY 3
フェリー

海をまたぐ際に使っていたフェリー。陸路だけで移動できる場合も、長距離だとガソリン代や高速代がかかります。また、疲労のことを考えるとフェリーを活用した方が有効なのではと感じました。神戸～大分間の移動に利用したフェリーでは食事や夜景を楽しみ、ひと晩過ごすと翌朝には目的地に辿り着いていました。

旅の疲れはお湯に流す

行ってよかった温泉・お風呂情報

お風呂は旅の大きな楽しみのひとつ。ゆったりとお湯に入れば、旅の疲れもほぐれていきます。日本一周の間に各地で入ってきた中から、特に印象に残っているお風呂をご紹介します。

ここでは温泉を中心に紹介していますが、安いお風呂を探したいときは「公衆浴場」を検索しています。公衆浴場は地域の人々の日常生活のために存在する施設で、都道府県ごとに価格が統制されているので比較的安く入れます。ゴミ処理場の熱を利用した銭湯、老人福祉センターの入浴施設など、とても安価で入れるお風呂も見つかります。

銭湯は地元の人と交流できたり、その地域ならではの野菜が売っていたりと、旅らしさも味わえる場所です。みなさんの旅でもぜひ訪れてみてください。

玉川の湯（金魚湯）

栃木県栃木市

昔ながらの地元の人に愛される銭湯。昭和を感じられる銭湯も少なくなっているので、ずっと続いてほしい。別名、金魚湯という名前で浴室の壁には水槽が埋め込まれており、本当に金魚がいる。番台のお母さんもとても優しかった。

小斉の湯

長野県茅野市

源泉かけ流し風呂を楽しめる蓼科高原の隠れた名所。日帰りの貸切露天風呂は珍しく、冬場なら雪見温泉も実現できます。雪景色は絶景で、自然の美しさを感じながらのんびり入る温泉は最高です。お湯はかなり熱めでした。

東道後温泉 久米之癒し

愛媛県松山市

550円でサウナあり。一番のお気に入りポイントは湯質で、とろみのあるお湯がなんとも気持ちよく、しかもシャワーまでとろとろの温泉で驚きました。髪を流してもしっとりしていて、また行きたいと思える温泉施設です。

宝栄湯

和歌山県有田郡

地域の憩いの場のような場所。昔ながらの銭湯だがとても清潔感があり、不思議と落ち着くお風呂屋さんでお気に入り。なんといっても200円という破格！「おふろやさん」と書かれたネオンの看板が素敵。

ホテル祖谷温泉

徳島県三好市

秘境祖谷渓の奥深くにある温泉。入浴料は少し高めですが、行く価値アリ。温泉までは傾斜角42度の断崖をケーブルカーで降りていき、アトラクションのようで楽しく乗れました。露天風呂はぬるめのお湯なので、ゆっくり浸かりながら、川や自然を眺めて贅沢な気分を味わえます。

新天降川温泉

鹿児島県霧島市

日本一周でもっとも印象に残っている温泉です。全室が個室風呂（家族風呂）で、料金は2人以上なら1時間300円と破格。1人でも30分170円で利用できます。個室に限りがあるので少し待つこともありますが、毎回お湯を入れ替えてくれ、周りを気にせずのんびり入れます。私たちも毎日通ったほどお気に入りです。

湯楽の里 日立店

茨城県日立市

お風呂屋さんにあってほしい要素がすべて揃っています。露天風呂は海のすぐ近くで絶景。二重扉で熱が逃げないサウナ。サウナの入り口には冷水機。寝ころび湯があって外気浴もしやすかった。浴室を出る前の床には足を洗うお湯も出ていて、設備がとにかく充実していました。

大川露天風呂 磯の湯

静岡県賀茂郡

東伊豆にある、目の前に海が広がる源泉掛け流しの露天風呂。少しわかりにくい場所だが、駐車場からトンネルの下をくぐったりと冒険感があって楽しい道のり。開放感抜群で個人的に印象に残っています。訪れたときは誰もおらず貸切状態で、海を見ながら浴びるシャワーがとても気持ちよかった。

御食国若狭おばま濱の湯

福井県小浜市

近くに小浜漁港とトイレがあって、釣りや車中泊とも一緒に楽しめるお風呂。疲れた日に濱の湯でお風呂とサウナに入った後、食事処でビールを飲んで車中泊をしたのが最高にいい時間だったので、とても印象に残っています。

ヘルシーランド露天風呂 たまて箱温泉

※2025年5月まで休業中

鹿児島指宿市

露天風呂までの道を進むと、目の前には何も遮るものがない一面の海。そして美しい開聞岳がドンと現れます。近くには砂蒸し風呂もあり、たくさん汗をかいた後に入る温泉が最高だった。必ずまた行きたい。

COLUMN 3

旅をしてわかった！

知っておくと便利なお役立ち情報

長期の車旅ではいろいろな問題に直面しますが、ちょっとした工夫で旅の質がグーンと向上。実際に日本一周旅をしたからこそわかった、節約＆お役立ちテクニックを紹介します。

INFORMATION 1

全国で使えるネット回線の最適解！

私たちはそれぞれ、docomoと楽天モバイルの無制限プランを契約しています。楽天モバイルはau回線もつながるので、幅広い範囲で利用できました。基本的にこの2つがあれば大抵の場所はつながるので便利です。ポケットWi-Fiも色々試しましたが、パソコンやiPadもテザリング機能が使えるので、この方法が一番安くておすすめです。ひとつだけ回線を選ぶならdocomoの無制限プランかなと思います。

INFORMATION 2

安心・お得にJAFを活用

夜中に砂浜でスタックしてしまったとき、JAFを呼んで救出してもらいました。夜中でも素早い対応に驚き、それ以来旅のお守りとしてJAFに加入しています。利用回数に制限がなく、自動車保険適用外のトラブルにも対応してくれるので安心感があります。
また、JAFには割引クーポンや会員優待施設もあるのでお得！　JAF割引のある温泉施設も多く、アプリで現在地周辺のクーポン利用可能施設を探し、使っています。

INFORMATION 3

『温泉博士』を利用してみよう！

温泉巡りをするなら月刊誌『温泉博士』がおすすめ。付録の「温泉手形」を使うと、無料・割引で温泉に入れます。1冊800円なので、2回以上使えばお得！　掲載店舗は毎月変更するのでいろんな温泉を楽しめます。

INFORMATION 4

スーパー銭湯に行く前は口コミをチェック！

お風呂に行く前はGoogle マップの口コミを必ずチェック。「LINE登録すると300円オフでした！」といった割引情報がよく書かれていて、施設の清潔感やシャンプー・サウナの有無なども確認できます。

INFORMATION 5

コインランドリーも アプリ利用でお得！

なかなかコインランドリーを安く利用する方法はありませんが、「WASHハウス」のアプリではときどきクーポンが発行されます。半額のときもあるので見つけたらチャンス！
衣類の量が少なければ、快活CLUBの洗濯機・乾燥機利用も手軽でおすすめです。

INFORMATION 6

近くに泊まれる 場所がないときは…

近くに道の駅やRVパークなどがないときは、Googleマップで「無料駐車場」「公衆トイレ」「24時間開放駐車場」などのキーワードを検索。都会でなければこの方法で見つけられます。
また、車中泊専用に駐車場貸出＋入浴プランを用意している温泉施設もあり、意外と狙い目です。

INFORMATION 7

湧水は Google マップで探す！

日本は水が豊富なので、日本全国の至るところで湧水が見つかります。20L100円だったりお賽銭が必要な場合もありますが、比較的安くお水が手に入ります。ただし、飲料水ではない場合もあるので、私たちはキッチン用のお水として使っています。

INFORMATION 8

ガソリンは専用アプリで 素早くお得に

車旅で頻繁に利用するガソリンスタンドは、とにかくお得に済ませるのが大切。今は店舗ごとに専用のアプリや、クイック決済ツールを使うとワンタッチで給油ができます。ポイントカードに紐付けすれば、クレジット決済と同時にポイントも自動付与されるのでスピーディーでお得です！

INFORMATION 9

マクドナルドは「KODO」で割引！

ドライブスルーが便利なマクドナルドは日本一周中何度も利用しています。節約術として利用できるのが、公式アプリの店舗アンケート「KODO」。公式アプリにレシートの番号を入力し、1〜2分程度のアンケートに答えると、ポテトS、ドリンクSなどの無料クーポンがもらえます。
節約したいけど小腹が空いたときには何度も助けられました。同じ店舗に回答できるのは月1回まででですが、常に移動している私たちはたくさん利用しています。

INFORMATION 10

ガソリン価格を比較して、お得に給油！

スタンドごとに差があるガソリンの価格。ガソリン価格比較アプリ「gogo.gs」を使うと、周辺にあるスタンドの価格を全部チェックでき、その中から安いお店を選べます。
また、ガソリン価格が設定されるのは月曜日です。そこから日曜日にかけて価格競争が行われるので、日曜日が比較的安い傾向にあるそうです。

INFORMATION 11

シャワーだけなら快活CLUB！

お風呂代を節約したいときは、30分以内なら300円未満で入れる快活CLUBのシャワーを利用しています。アプリ会員には月に2回100円引きクーポンが発行されるため、もともと安いのがさらにお得。早めにシャワーを浴びて、無料ドリンクバーやソフトクリームでゆったり過ごすのもおすすめです。

INFORMATION 12

チケット・名刺は思い出ノートに保管

フェリーやモノレールなど乗り物のチケット、飲食店のレジ近くに置いてある店舗の名刺などは、スクラップブックに貼るだけで思い出ノートに早替わりします。写真もいいですが、物として残っていると思い出しやすいので、旅するならいろいろ取っておくことをおすすめします！

INFORMATION 13

車を長持ちさせるなら、こまめなメンテナンスを

車を長く大切に使うならメンテナンスは必須です。こまめなオイル交換、冷却水の補充やタイヤの空気圧の点検も。また、雪道では凍結防止剤が撒かれており、放っておくと錆びる恐れがあります。走行後は下回りを念入りに洗車しましょう！

Chapter 4

これまでの旅で訪れたおすすめスポット

九州〜東北まで、これまでの長旅で
行ってよかったスポットを紹介します。
今でも忘れられない体験や思い出が
たっぷり詰まった場所だけを厳選！

こんな旅をしてきました！

軽バン旅のルート紹介

軽バン旅は2021年1月、鹿児島県からスタートしました。旅のルールとして決めたのは「日本をひと筆書きで周る」こと。理由はロマンを感じたから、それだけです。行ったり来たりしないよう、九州、四国、中国、近畿、中部、関東、東北の各地方を順に移動し、現在青森県まで来ました。この旅に出たおかげで、普段の生活では見られない絶景、おいしいご当地ごはん、そして素敵な人たちにたくさん出会えました。ときには生活の不便やトラブルもありましたが、2人で旅したからこそ乗り越えられたと思っています。これまでの旅のルートとちょっとした旅のエピソードを交えて紹介しています。この章では他にも、特に印象に残ったスポットを地方別にまとめています。

現在地
25
24
23
17
22
15
16
21
13
18
19
14
20
12
9
11
8
10
6
7
5
4
2
3
日本一周
スタート！
1

1 2021年1月18日

道の駅たるみず湯っ足り館　鹿児島県上陸！

旅のエピソード

2月7日 鹿児島県枕崎市　YouTube登録者数1000人達成。収益化するまで禁酒と決めていたので、初の居酒屋「みんなのゑびす家」にて2人でお祝いした。

2 2021年3月18日

鹿児島から天長フェリーを利用→天草通って→長崎県へ。

3 2021年6月16日

熊本で最も思い出に残るRVパークを見つけた。

4 2021年12月6日

九州最後の観光した日。1年の九州旅を終えた大分県。

5 2022年1月1日

日本一周中の初の年越しを迎えた。愛媛県へ。

旅のエピソード

大洲市の雲海展望台。初日の出を見に行ったが、山奥の道に迷ってすごく怖い思いをした。

6 2022年2月12日

うどん巡りをした香川県へ。11軒行って大満足。

旅のエピソード

88ヶ所のお遍路巡り達成！ 観光もしていたらいつの間にか4ヶ月経っていた。

7 2022年4月8日

愛媛からフェリーで山口県へ、とうとう本州上陸（中国地方に入る）！

旅のエピソード

YouTubeで10万人達成！ 銀の盾を目標にしていたのですごくうれしかった。旅中で初めて旅館に宿泊してお祝い。

8 2022年7月25日

岡山県真庭市へ。

旅のエピソード

YouTube登録者20万人達成。動画がインドでバズった。

9 2022年8月15日

車検も兼ねて兵庫県へ。軽バンはよく頑張ってくれてるので色々メンテナンスした。

10 2022年9月24日

和歌山県の高野山へ。お遍路のお礼参りに行って結願。これで本当にお遍路が達成。

11 2023年1月1日

愛知県へ。田原市にて年越し。初日の出を見た後、豊川稲荷でお参り。気がつけば旅も2年が経っていた。

12 2023年1月25日

静岡県へ。

旅のエピソード

ようやく初の富士山を見た。電車越しには見たことがあったものの、街中にドンとそびえ立つ富士山は美しかった。

13 2023年2月10日

長野県へ。

旅のエピソード

茅野市で車生活初めての大雪に遭う。車にどっさり雪が積もっていたのはテンションが上がった。

14 2023年3月9日

岐阜県から関西の滋賀、京都を観光した後、日本海側から北上する。ひと筆書きを守っている。

15 2023年6月10日

石川県へ。初めて車中泊雑誌の表紙になって、発売日。すごくうれしかった。

16 2023年7月4日

富山県へ。YouTube登録者数30万人達成！

旅のエピソード

7月22日 富山で旅中初のテント泊。夏でも涼しく、海外のような絶景だった。

17 2023年8月3日

新潟へ。

旅のエピソード

長岡の花火。人生初花火で涙が出るほど感動した。一生の思い出に残った。

18 2023年10月13日

山梨県へ。富士山と再開。私たちはやっぱり富士山が好き。

19 2023年12月14日

東京へ。

旅のエピソード

この軽バンで東京のスクランブル交差点を通った。大都会に普段行くことがなくて楽しかった。

20 2024年1月1日

千葉県へ。玉前神社の付近で年越し。

21 2024年4月2日

栃木県へ。

旅のエピソード

この本の表紙を撮影した日。強風でうまく撮れず、結局2回撮り直し。

22 2024年5月10日

2度目の車検を終え、福島県へ。とうとう東北地方に入る！

23 2024年7月13日

岩手県へ。旅も残り5県となり、改めて車旅をしてよかったなと感じる。

24 2024年8月3日

秋田へ。竿燈祭り、5日にねぶた祭りと東北夏祭りを味わう！

25 2024年10月1日

現在青森県。2年半前に上陸した本州もとうとう制覇！残るは北海道、沖縄のみ。

の探し方

私たちが普段実践している、旅先で穴場のスポットを探す方法を紹介します。番号順に難易度は上がりますが、その分穴場スポットが見つかることもあります。

HOW TO SEARCH 1

Instagram で検索

まずは定番スポットの探し方から。Instagramで「地名」「○○観光」「○○旅行」の 3 パターンを検索します。たとえば山形県なら「山形県」「山形観光」「山形旅行」で検索すると、王道の観光地がある程度は見つかります。おすすめ欄の検索結果を見て、行きたいと思う場所があれば候補として残しておきます。 ただ、Instagramでは色味を大きく加工していたり、実物とかけ離れた景色の写真もあるので注意が必要。 あくまでInstagramは候補を探す場所です。

HOW TO SEARCH 2

Google マップの口コミを見る

実はこれがめちゃくちゃ大切。Instagramで行きたいスポットを見つけたら、Googleマップで検索して、口コミを必ず見てください。 みんなの正直な感想が書いてあり、加工されていない写真も確認できるので、実際に訪れたときとのギャップがなくなります。入園料、所要時間などの基本情報だけでなく、関連情報が手に入るのもいいところ。 たとえば「近くにおいしい△△という団子屋がありました」というスポット情報や、「JAF割を使えば200円引きでした」「ネット予約だと安かった」といったお得情報まで書いてくれています。また、以前の評価はよかったものの、最近は価格や接客が変わったとか、臨時休業していることもあるので、必ず口コミの「関連度順」と「新しい順」の両方をチェックしておくことをおすすめします。口コミがよいところは行く価値アリです！

軽バン生活流！

旅先スポット

HOW TO SEARCH 3

個人のブログを探す

さらに穴場を調べたければ、Googleで個人ブログを探します。たとえば「東京 観光」で検索し、「高尾山」というスポットを見つけた場合、次にやることは「スポット名+ブログ」での検索。今回なら「高尾山 ブログ」です。そうすると、高尾山に登った体験記を写真付きで書いてくれている方がたくさん見つかります。中には高尾山の基本情報だけでなく、偶然近くに寄ったお店などの情報も。ブログをひとつひとつ見るのはかなり手間と時間がかかりますが、あまり知られていない穴場スポットを見つけることができる方法です。

HOW TO SEARCH 4

地元の方に直接聞く

難易度が高いですが、やっぱり地元の方に聞くのが一番。 当然ですが、いきなり誰かに「この辺でおすすめのスポットありますか?」と聞いても警戒されてしまいます。車のナンバーを見て話しかけてくれる人もいますが、正直それはレアケース。それに、せっかくの旅をするなら待っているばかりではもったいないです。 個人的におすすめしたい方法は「挨拶にひと言だけ付け加える」こと。たとえば「ごちそうさまでした! おいしかったです。」と店員さんに伝えてみる。ひと言声をかけると相手の反応が見られます。相手の反応次第でさらにもうひと言付け加える。会話が弾んだこのタイミングでおすすめスポットを聞くのがベスト。これならたったひと言で出会いがグッと増えますし、もし話が広がらなくても誰も嫌な気持ちにはなりません。これを意識するだけで素敵なスポットや人に出会えること間違いなし！

area_01

九州編

旅の始まりの場所

私たちの日本一周旅が始まったのは九州・鹿児島から。最初は不安もありましたが、始めてみるととても過ごしやすく、とにかく何もかもが新鮮でした。もともと1年かけて日本一周をする予定でしたが、あまりに居心地がよく、結局九州だけで1年間も滞在。目を奪われる絶景やおいしい食べ物、素敵な人たちとの出会いがたくさんあり、最高のスタートを切ることができました。

大観峰
熊本県阿蘇市

1
鹿児島県霧島市
ここには家族風呂という文化があった
2
貸切風呂でこの値段!?
40分 200円
30分 170円
えっ 安すぎるね…!
3
ふぅ〜 すっきりした
ちょっと!
4
まだ30分しか経ってないでしょ
30円返すね またおいで
いいんですか!
人まで温かかった
10
10
10

福岡県 / FUKUOKA

【相島《あいのしま》】

福岡県新宮町から船で約20分の相島は「世界6大猫スポット」のひとつ。島には200匹以上の猫がいて、船を降りた瞬間から寄ってきてくれます。猫好きの方にはおすすめ！

海がとてもきれいでサイクリングだけでも最高。一周約1時間ですが、猫と遊ぶともっと時間がかかります

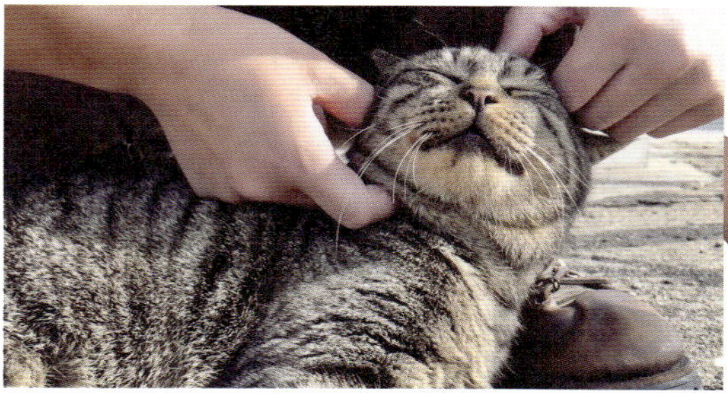

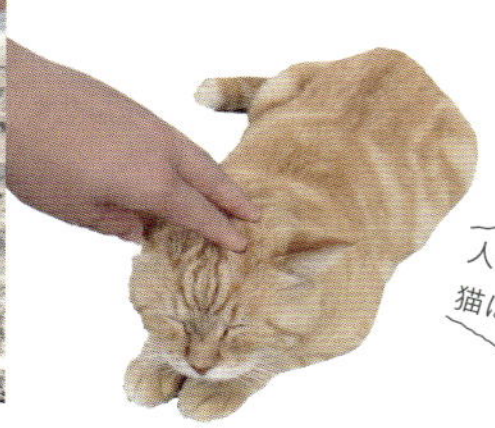

人懐っこい猫ばかり！

佐賀県 / SAGA

透明度抜群のイカの活き造りがとても人気

国の天然記念物である七ツ釜を見に洞窟へ。イカ丸は思ったより速くて楽しかった

【呼子町】

佐賀県呼子町はイカの町。視聴者さんにすすめられたイカの活き作りを堪能してから、イカ丸という遊覧船で呼子の町を堪能しました

呼子の象徴のイカはこんなところにも

大分県 / OITA

【湯布院温泉】

食べ歩きや町歩きも楽しい湯布院温泉。私たちのイチオシは観光辻馬車。馬車に揺られながら由布岳を眺めていると、日々の忙しさを忘れます

10人乗りの馬車も引っ張る白馬のゆきちゃん

途中で寺院に寄ってくれたりして、ガイドさんの説明も楽しかった

由布院駅のホームにある足湯でのんびり。温泉の豊富な大分県らしさを感じました

【真玉《またま》海岸】

「日本の夕陽百選」に選ばれた美しい夕陽が見られる場所。ここに行った日はたまたま干潮と日の入が重なり、砂と海の描く縞模様がとても神秘的でした

1年間過ごした九州。最後の夕日はここでした

鏡のように映る水面と夕日が忘れられない

干潮と夕日が重なると出現する光のベルト

熊本県 ／ KUMAMOTO

【吉無田《よしむた》高原パティオ】

気さくなオーナーさんが10年以上かけて作った、草原の中庭という意味を込めたRVパーク「パティオ」。名水を使った五右衛門風呂もありました

車に優しい全面芝生のキャンプサイト

謙虚で器用なオーナーさん。フラメンコを演奏してもらいました！

演奏会や子供たちが遊べるスペース。私たちにとって特に思い出深い場所です

長崎県 / NAGASAKI

【バイオパーク】

日本一動物と触れ合える動物園。檻の外から見る「標本展示」ではなく、動物が自由に暮らす「生態展示」のため、園内のいたる場所で動物に触れたり、餌をあげたりと身近に感じられます

肩に飛び乗ってくるリスザルたち。かわい過ぎてなかなか帰れなかった

動物たちへの向き合い方や、居心地のよさを追求した園作りをしているのが伝わります

【軍艦島（端《は》島《しま》）】

岩礁の周りを埋め立てて造られた人工島。炭鉱でとても良質な石炭が採れたため、多くの人が働き、住んでいた。最盛期には世界一の人口密度を誇っていたほどで学校や映画館、病院など、施設も充実していました

島の形が船艦に似ていたのが「軍艦島」という名の由来です

世界の主要エネルギーが石炭から石油に変わったことで炭鉱は閉山。のちに無人島になりました

ガイドさんが歴史を含めてとても興味深い話をしてくれます

宮崎県 ／ MIYAZAKI

【都井岬】

宮崎県の最南端にある都井岬。太平洋に面した広大な草原の中には野生の馬「御崎《みさき》馬」がいます。日本各地を訪れたが、今思えばなかなか珍しいスポット。散策するだけでも楽しい

国の天然記念物に指定されている御崎馬

御崎馬をバックに、海岸線を見晴らす抜群の眺望。みんな穏やかに草を食べていた

はやとが日本一好きなホームセンターを見つけたのも宮崎県

鹿児島県 ／ KAGOSHIMA

【大浪池】

標高1141mと比較的容易に登山ができる、霧島山にある火口湖です。山頂ではとても神秘的な景色が見られます

山頂でお湯を沸かし、カップ麺とコーヒーでひと休み

カップ麺はとてもおいしく、登山で疲れた体に染み渡りました

山頂からドローンで撮影した大浪池

area_02

四国編

念願のお遍路にもチャレンジ

四国は海に囲まれた自然豊かな土地で、軽バン旅で初の年越しもここで迎えました。旅に慣れてきた油断もあったのか、愛媛で初日の出を見に行く際に山道で迷ったり、高知の河原でタイヤがスタックするといったトラブルにも遭遇し、改めて気持ちを引き締めました。一番の思い出は、前から挑戦したかったお遍路です。冬の寒い時期で雪に降られたりもしましたが、2人で無事に88ヶ所を回り切りました。

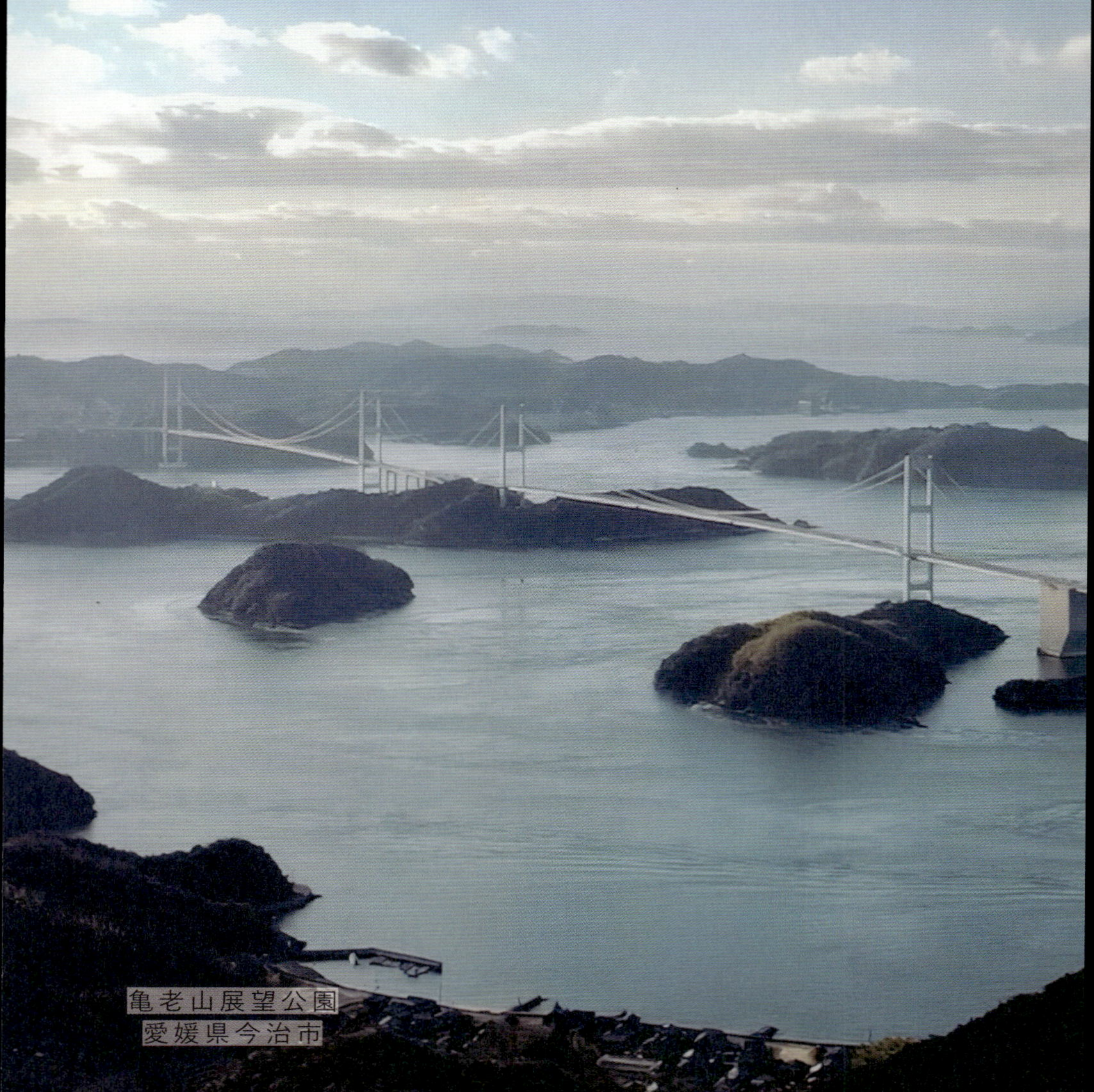

亀老山展望公園
愛媛県今治市

徳島県 ／ TOKUSHIMA

【祖《い》谷《や》】

「日本三大秘境」として知られる祖谷。 このエリアには、かずら橋や大歩危、祖谷温泉など秘境ならではの観光を味わうことができます

シクチカズラの蔓で作った橋。重さは約6tもあるそう

日本三奇橋のかずら橋は渡るとギシギシ音が鳴り、同時に人が乗るとユラユラ揺れてスリル満点です！

同じ祖谷エリアにある、断崖絶壁に立つ小便小僧

愛媛県 ／ EHIME

【道後温泉】

坊っちゃん列車で向かった道後温泉。列車内はレトロな内装で、松山市内を走るだけで楽しい気分です。終点の道後温泉駅では、手作業で方向転換する珍しい作業風景を見られます

温泉、足湯、ショッピングも満喫。有名な坊っちゃん団子もすごくおいしいです

道後温泉駅にある夏目漱石『坊っちゃん』のからくり時計

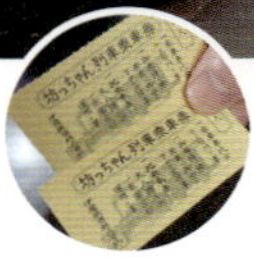

松山市内を走る坊っちゃん列車。土・日・祝日のみの運行です

香川県 ／ KAGAWA

【父母ヶ浜、銭形砂絵】

約1kmのロングビーチが広がる父母ヶ浜。水面に鏡のように映る写真が撮れる映えスポットです。「寛永通宝」が描かれた銭形砂絵は金運スポットとして人気です

大きさは東西122m、南北90mもあります

これを見たらお金に
不自由しなく
なるんだってさ

高知県 ／ KOCHI

【四国カルスト】

標高1000~1500mの高地にある四国カルスト。カルスト特有の白い岩肌の石灰岩が至る所にあり、絶景が楽しめるドライブスポットになっています

姫鶴平の展望台からの景色は「日本のスイス」と呼ばれるほど

日本三大カルストの中で1番標高が高く、大草原の中で夕陽を見ながらのコーヒータイムは格別でした

【久《く》札《れ》大《たい》正《しょう》町《まち》】

漁師町・高岡郡中土佐町にある、100年以上の歴史を持つ市場です。店員さんに話しかけると、その日に水揚げされたおすすめの魚を親切に教えてくれます

welcome to
Taishomachi Ichiba!
「土佐の一本釣り」の町
一高知県 中土佐町 久礼大正町市場一

全長40mほどの小さな路地に鮮魚店などがずらっと並んでいます

久礼大正町市場

市場は海に近いアーケード内にあり、場内で藁焼きカツオや海鮮丼を食べられます

初めて食べたグレ（メジナ）の刺身。

高知限定の
ガチャガチャも
あるぜよ

行けるところだけでもOK

車でお遍路に挑戦

お遍路とは約1200年前に弘法大師（空海）が修行した、四国の霊場88ヶ所を辿る巡礼のこと。せっかく四国に来たなら！と挑戦しました。実は車でも結構大変で、最短でも10日前後はかかると言われています。私たちがスタートしたのは46番札所「浄瑠璃寺」から。お遍路には作法や回る順番はありますが、「行けるところだけ行っても大丈夫。決まりはなく、お参りしたことが1番大事。」と教わりました。これからお遍路をしてみたい方も、構え過ぎず、自分のペースで挑戦してみてください。

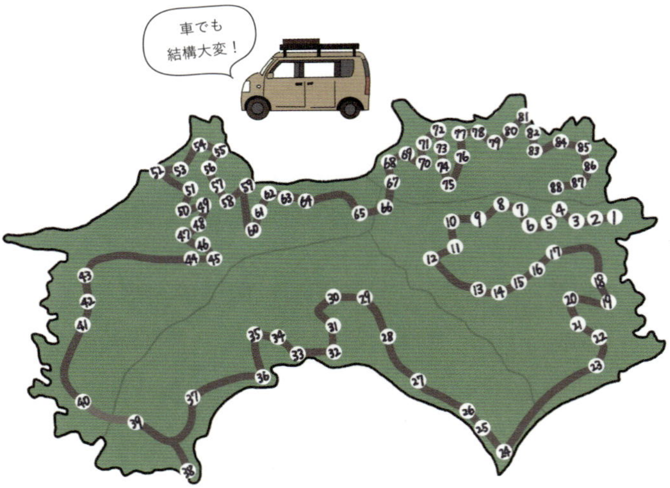

持ち物

① 菅笠
② 和袈裟
③ 白衣
④ 金剛杖
⑤ 納札
⑥ 線香
⑦ ローソク
⑧ 賽銭
⑨ 納経帳
⑩ 数珠、経本

＊1〜4は身につける

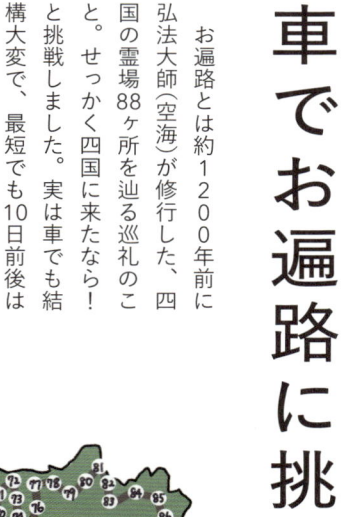

参拝作法

1. 山門で合掌、一礼する
2. 手水場で手口を清める
3. 鐘をつく
4. 本堂でろうそくと線香をあげる
5. 鰐口を1回鳴らす
6. 納札を納める（お賽銭）
7. 読経する
8. 大師堂にお参りする
9. 納経帳に納経する

お遍路を終えて

最初はちょっとした興味本位で始めたお遍路でしたが、経験してよかったと感じています。早朝から巡るお寺はなんとも清々しく、心洗われるような感覚になりました。途中で地元の方との出会いや、車中泊をしながら四国のよさも味わえました。

どのお寺も印象深い場所でしたが、特に思い出に残っているのは次の2ヶ所です。

66番 雲辺寺（香川県）

最も標高の高い札所。ロープウェイで高さ927mの山頂駅まで行きます。お参りした後の夕日がとてもきれいだったのが印象的。

45番 岩屋寺（愛媛県）

私たちにとって88ヶ所目の札所。巨岩の絶壁をハシゴで登るなどスリリングな体験をし、過酷なお遍路旅の最後にふさわしいお寺でした。

結願したら高野山へ

四国霊場88ヶ所巡礼を終えたら、弘法大師が開山した和歌山県の高野山へお礼参りに行く習わしがあります。高野山はお遍路さんだけでなく、世界中から多くの方が訪れるスポットとしても有名。見応えもあるので、無事終えたことのご報告も兼ねてぜひ訪れてみてください。

area_03

中国編

ついに本州に上陸

ようやく本州に上陸したのは出発から1年半後のことです。歴史がある中国地方には古くからの建築物が多く、見応えも抜群でした。20代前半には全く興味のなかったお寺や神社に魅力を感じるようになり、旅の楽しみもさらに増えました。また、YouTube動画がインドでバズるという珍しい体験もあり、チャンネル登録者数が20万人を突破してうれしかったのを覚えています。

角島大橋
山口県下関市

広島県 ／ HIROSHIMA

【尾道】

海と山に囲まれた歴史のある町・尾道。お寺や神社の並ぶ雰囲気ある町並み、尾道ラーメン・アイスなどのご当地グルメ、猫を堪能しました

どこか懐かしい雰囲気の駅前商店街

千光寺山ロープウェイからは市街を一望できます

3年前の旅行で会った猫と再会しました

パリパリの皮と冷たいアイスがおいしい「からさわ」のアイスモナカ

【大三島フィッシングパーク】

しまなみ海道にあるフィッシングパーク。釣れたのはサヨリ1 匹だけだったので、釣り堀で鯛を3匹釣って、夕食に車で調理しました

釣り竿の貸し出しもありました

竿を入れた瞬間に大量の鯛が寄ってくる釣り堀。すごい迫力！

お店のお母さんが捌き方を教えてくれたおかげで、今後の旅でも自分で捌けるようになりました

沖にせり出した桟橋で海釣りを楽しめます

岡山県 ／ OKAYAMA

【吹屋ふるさと村】

高梁市の高原にある、ベンガラ色と赤い瓦で統一された町並み。偶然見つけたお店で一味唐辛子作りを体験し、近くのうどん屋でそれをかけて食べたのがいい思い出です

地元調味料を扱う佐藤紅商店で一味唐辛子作りを体験。臼で早めに削ると、粗めでピリッと辛い一味ができました

街はレトロ感のあるのんびりした雰囲気。かなりの穴場です

吹屋食堂ではだしの利いた田舎うどんが食べられます

【日本一のだがし売場】

広い店内に駄菓子とおもちゃが並ぶ、岡山県瀬戸内市の大規模駄菓子店。こんな味もあるのかと新しい発見をしたり、懐かしい駄菓子に再会したりと、子供も大人もテンションが上がる品揃えです

大人買いコーナー、懐かしコーナーなど、売り場の仕掛けも豊富です

大きな店舗内で約5000種類の駄菓子・おもちゃを販売

駄菓子に2,000円以上使ったのは人生で初めて

山口県 ／ YAMAGUCHI

【元乃隅神社】

日本海に面した長門市の神社。大鳥居の上、約5mの高さに「日本一入れにくい賽銭箱」があり、空に向かって賽銭を投げ入れます。バスケ部出身のはやとは一発で成功しました

123基の赤い鳥居と海のコントラストが美しく、夕方もきれいでした

商売繁盛、大漁、海上安全をはじめ、多くの御利益があるそうです

これが賽銭箱。まさか1発で入るとは思わなかった

【柳井市】

江戸時代からの商家が並び、石畳の道が続く「白壁の町並み」。まだあまり知られていない穴場で、人も少なくのんびり散策できました

工房では金魚ちょうちん製作を体験できます

町はおいしい水が豊富。創業200年の佐川醤油店ではしょうゆ蔵も見学できました

かなりおいしい
醤油風味のごまふりかけ

軒先に吊り下げられているのは名産品の金魚ちょうちん

鳥取県 / TOTTORI

登山前に麓の山菜料理店・谷川天狗堂で食事。とち餅や天ぷらがとてもおいしくヘルシーでした

岩の壁に建つ国宝・投入堂。どう作ったのか不思議です

【三《み》徳《とく》山】

山の中腹にある「日本一危険な国宝」投入堂を目指して登りました。断崖絶壁の山道でしたが、他の登山者との出会いもあり、到着したときには大きな達成感がありました

はじめて履いたわら草履。上り坂で力を入れやすく歩きやすいです

落ちてしまいそうな岩の上を歩いたり、木の根っこに捕まったりしながら進みます

【旧国鉄倉吉線廃線跡】

昭和60年3月末で廃止となり、72年の歴史に幕を閉じた倉吉線。今でも線路やホーム跡が残り、線路を散策できました

来場記念切符がもらえるガチャガチャを発見！ 思い出に残る品が増えた

線路上に竹が自生して時間の経過を感じる

島根県 ／ SHIMANE

【津和野】

昔ながらの町並みが残る山陰の小京都・津和野。太皷谷稲成神社にお参りした後、ソフトクリームを食べながら街歩きを楽しみ、津和野駅でSLやまぐち号を見学しました

「日本五大稲荷」のひとつである太皷谷稲成神社の本殿。参道には約1000本の鳥居が並び、歩くだけでいい運動になります

area_04

近畿編

地元の魅力に気づいた旅

私たちの出身地でもある近畿地方。よく知っている土地だと思っていましたが、今回の旅で初めて訪れた場所や行事も多く、自分たちの地元にもたくさんの魅力があることに気づけました。

和歌山県では四国遍路のお礼参りとして高野山を訪れ、ようやく全行程を達成することもできました。ただ、真夏には体調を崩して、車中泊の厳しさを知ったのもこの時期です。休息をとりながらも旅を進め、この近畿地方を抜けるとそろそろ折り返し地点です。

竹田城
兵庫県朝来市

1
和歌山県川湯温泉
ここは自分で掘って風呂を作れる川がある
2
スコップだと結構大変だな～
理想は浸かれるくらい大きい温泉！
3
2時間後…
じゃーん！
できた！
4
ふぅーー
…お風呂行こう。

大阪府 ／ OSAKA

【岸和田だんじり祭】

4tを超えるだんじりを曳き回し、猛スピードで細い路地の隙間を走る姿にハラハラ、ドキドキしました。大勢の人の活気も感じられ、想像以上に迫力抜群！

スピードを上げてカーブを走る「やりまわし」は大迫力！

祭りの夜を明るく照らす提灯

屋台もたくさん出ていて活気あるお祭りです

京都府 ／ KYOTO

【伊根町】

伝統的な建築物の舟屋が並ぶ漁師町。1階が舟のガレージ、2階が居室になっており、まるで海に浮かんでいるよう。そんな珍しい景色を遊覧船から眺めたり、船釣りをしたりと海を満喫しました

舟屋は伊根湾に沿って約230軒も建ち並んでいます

釣り船「永勢丸」で船釣りに挑戦。人生初の大漁です！

あかねが釣った大物のガシラ（カサゴ）。お刺身とアラ汁は絶品でした

遊覧船ではウミネコにエサをあげられます

【ドライブインダルマ】

舞鶴市にあるレトロな自動販売機の聖地。店内には昔ながらのゲーム機器、ラーメンやうどん、ハンバーガーの自販機が現役で稼働しています。お出かけの日には立ち寄りたくなるドライブインです

パックマンやテトリスなど懐かしのゲームが楽しく、寄り道に最適です

レトロな雰囲気のドライブインです

お金を入れると数十秒でラーメンが完成。チャーシューも入っていました

兵庫県 ／ HYOGO

【立雲峡】

朝来市の峡谷・立雲峡は竹田城の絶景スポット。早朝5時から登るので、前日からの車中泊がおすすめ。駐車場にはトイレがあり、利用には協力金300円が必要です

雲海に覆われた竹田城は「天空の城」と言われています

雲海が見えるかは運次第。前日に雨が降った日が1番おすすめです

奈良県 ／ NARA

【生駒山遊園地】

奈良県と大阪府にまたがる生駒山上にある遊園地。乗り物は20種類以上あり、なんと入園料は無料。見晴らしがよく、行くだけでも楽しい場所です

空中サイクリングは意外とスリルがあり、街を一望できます

山頂へのケーブルカーは奇抜でかわいいデザイン。通勤客も多いそうです

園内は子供向けだけでなく、大人が楽しめるアトラクションも

滋賀県 / SHIGA

【彦根城】

国宝天守に指定されている彦根城は、ひこにゃんにも会える貴重な場所。お城の隣にある美しい庭園「玄宮園」も一緒に訪れるのがおすすめです

玄宮園のお茶屋では昔ながらの美しい風景を見ながら抹茶と和菓子をいただけます

3階3重の屋根を持つ天守は国宝です

お茶菓子のお餅「埋れ木」は天皇献上菓子。とろけるほどのおいしさでした

©HIKONE

和歌山県 / WAKAYAMA

【川湯温泉】

川底から湧き出る約70℃の源泉が川の水と混ざり合い、ほどよい温度のお湯になるという珍しい温泉。冬には川をせき止め、大人数が入れる「仙人風呂」を作るそうです

スコップで温泉作りに挑戦。川底を掘ると源泉が湧き出てきます

お湯が湧き出る熊野川の支流・大塔川

2時間で作れた温泉は足湯くらいの大きさ。いつか大きなお風呂作りに再挑戦したい！

【和歌山電鐵　貴志川線　貴志駅】

和歌山市と紀の川市を結ぶ貴志川線の終着駅では、かわいい猫の駅長がお出迎え。猫づくしでデザインされた「たま電車ミュージアム号」など、楽しい車両も走っています

駅舎も猫をモチーフにした作りになっています

駅長の「ニタマ」

たま電車ミュージアム号は高級感ある造り。ソファもふかふかです

三重県 / MIE

【湯ノ口温泉】

鉱山で実際に使われていたトロッコに乗って温泉まで行くという珍しいスポット。薄暗いトンネルの中をガタガタと揺れながら走り、アトラクションのように楽しめました

今も残っている鉱山トロッコ電車

大浴場だけでなく、貸切風呂もありました

area_05

中部編

都会と自然の絶景

中部地方は東海・甲信越・北陸の地域に分かれ、大都会から自然豊かな地域まで、さまざまな風景に出会えました。また、大雪に遭遇したり、雑誌の表紙になったり、山の中でテント泊をしたり、過去最高の花火大会を見れたりと、この車旅で初めての経験をたくさんできた場所でもあります。その中でも最も印象的だったのは、初めて富士山を間近で見れたこと。あまりの壮大さに衝撃を受けたのを今でも覚えています。

富士山
静岡県富士宮市

愛知県 ／ AICHI

【八丁味噌の郷】

江戸時代から八丁味噌を作り続けている老舗・株式会社カクキューの工場は無料見学可能(要予約)。ガイドさんの説明を聞きながらみそ蔵や資料館を回り、レストランや売店で買い物もできます

築100年近いおしゃれな本社屋は外観のみ見学できます

これで作ったみそ煮込みうどんが最高でした

八丁味噌の原料は大豆と塩だけ。木桶に材料を仕込み、職人さんが川石を積んで2年以上天然醸造させます

岐阜県 ／ GIFU

【大滝鍾乳洞】

歴史は2億年以上とも言われている石灰洞窟。豊富な地下水が育てた、降り注ぐような鍾乳石が迫力満点です。釣り堀も併設されていて、魚をその場で塩焼きにして食べました

鍾乳洞の入り口まで木製のケーブルカーが連れて行ってくれます

鍾乳石は1cm伸びるのに100年かかるという、途方もない時間を感じます

楽しくてなかなかやめられないニジマス釣り

静岡県 ／ SHIZUOKA

【大井川鐵道】

SLやきかんしゃトーマス号に乗ることができます。車窓には一面の茶畑や大井川沿いののどかな風景が広がります。また、コバルトブルーのダム湖に浮かぶ、奥大井湖上駅も美しいのでおすすめ

線路沿いを歩けるので、アプト式列車を近くで見れました！

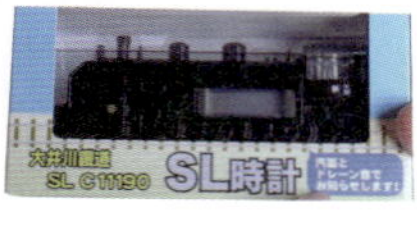

車内販売でゲットしたSL時計は今も愛用中

福井県 ／ FUKUI

【大本山永平寺】

ここは、多くの僧侶が日々厳しい修行に励む曹洞宗のお寺です。特に見どころは傘松閣という大広間。230枚もの美しい絵が天井に敷き詰められていて圧巻です

創建は鎌倉時代の1244年。800年近い歴史があります

天井絵からお気に入りを探すのも楽しいです

歩くだけで心が洗われるような感じがしてきます

富山県 ／ TOYAMA

【立山黒部アルペンルート】

北アルプスを貫く山岳観光ルート。旅では初めてテント泊をしに行きました。室堂からは大自然が広がり、夜は満点の星空を見ながら宿泊できました

まるで海外のような壮大な景色を見られます

カラフルなテントが立ち並ぶ雷鳥沢キャンプ場。近くに温泉もあっておすすめです

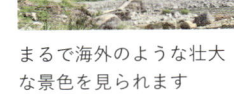

かわいいウミネコも
お出迎え！

石川県 ／ ISHIKAWA

【千里浜なぎさドライブウェイ】

国内で唯一、波打ち際を車で走ることができる場所。秘密は砂にあり、粒が小さく硬いので走行可能になっている。近くの道の駅では、足回りを無料で洗車できるのでお忘れなく!

約8kmある砂浜ドライブウェイ。ここから見る夕日は特にきれいでした

海の家では焼きハマグリを食べました。お店のお母さんとの会話も素敵な思い出です

写真を撮ったり釣りをしたりとのんびり過ごせました

山梨県 ／ YAMANASHI

【西湖】

富士五湖のひとつ。ここで初めてワカサギ釣りに挑戦しました。竿やボートは隣の釣具屋でレンタルできます

風のない早朝の湖は水鏡が美しかった

「野外のもりこ」さんと3人で合計50匹ものワカサギをゲット。西湖キャンプ場で唐揚げにして食べたり、焚き火を囲んだりしたのがいい思い出です

長野県 ／ NAGANO

【地獄谷野《や》猿《えん》公苑】

世界で唯一、温泉に浸かるニホンザルを見ることができる珍しいスポットで、海外からの観光客も多数訪れます。いろいろなニホンザルたちを間近で観察できます

お風呂は浸かる姿はまるで人間のようでした

野猿公苑のある地獄谷温泉。駐車場から約20分歩きますが、雪の山道もきれいです

お土産屋さんで
キーホルダーを購入

新潟県 ／ NIIGATA

星空もきれいで幻想的な雰囲気に

【佐渡島】

佐渡島にはカーフェリーで車と一緒に渡りました。絶景スポットや星空が美しく、海に囲まれた自然豊かな佐渡は、時間が許す限りずっとのんびりしていたい場所です

海に突き出た標高167mの巨岩・大野亀も絶景

area_06

関東編

大都会を車でかけぬけた

首都・東京のある関東地方。自然の多い地域を中心に回っていた車旅だったので、東京・横浜などの大都会には、また違う楽しさがあり、新鮮でした。
　一方で山や海などの自然も意外と多く、いろいろな角度から楽しめる地域でした。２０２４年の年明けは千葉県の房総半島で迎え、日本一周の旅もついに40県目、そして４年目に突入しました。

お台場の花火
東京都港区

1
千葉県にある五井駅にて
かわいい!
小湊鐵道デザインの絆創膏だって!
小湊鐵道 ばんそうこう
2
そんなんで傷が癒えるかな〜
別に心が癒えるからいいねん、買う!
3
とか言いつつ…
痛っ 指先が切れてる
あ、これ指に貼っとき!
4
蚊のとこ掻きすぎて あの絆創膏…
えっ また!?
結局使い切った。

東京都 / TOKYO

【高尾山】

都心から1時間ほどで行けるため、多くの登山客が訪れる高尾山。高尾山薬王院にお参りしてから向かった山頂は見晴らしがよく、遠くに富士山も見えました

やまびこ茶屋
ソフトアイスクリーム

山頂にある「やまびこ茶屋」。現金を忘れてカレーを2人で分けたのが思い出

山腹の高尾山駅行きのケーブルカーは最急勾配31度18分。日本一の傾斜があります

1000年以上の歴史を持つ高尾山薬王院には守護役の天狗がたくさんいます

神奈川県 ／ KANAGAWA

【猿島】

東京湾唯一の無人島・猿島は横須賀港から船で10分の距離。島には明治時代に作られた要塞があり、『天空の城ラピュタ』のような風景が見られます

島内にはトンネルが3ヶ所あり、どれも神秘的な雰囲気でした

人が少なく雰囲気を味わえる雨の日もおすすめです

豊かな自然の中に残る要塞は国史跡にも指定されています

千葉県 ／ CHIBA

【小湊鐵道】

東京湾に近い五井駅と房総半島内陸を結ぶ私鉄・小湊鐵道。起点の五井駅には電車を見ながらのんびりできるカフェがあり、オリジナルグッズも販売しています

のどかな雰囲気の里山を走るローカル線です

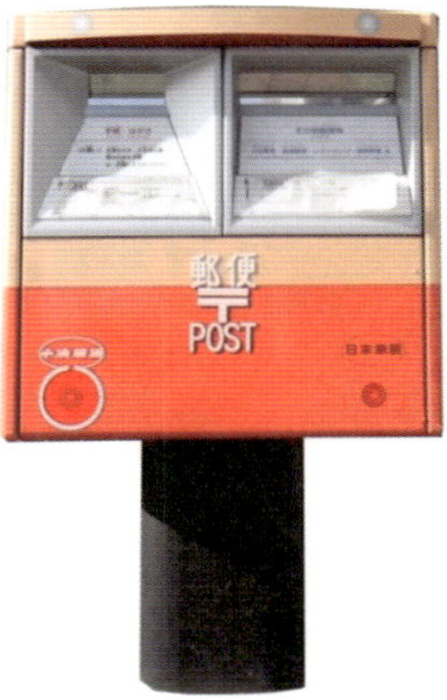

待合室で絆創膏をゲットしました

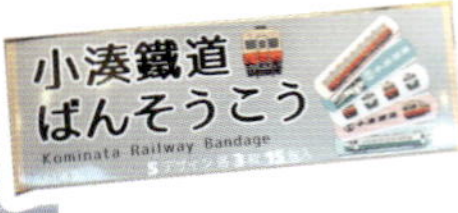

レトロでかわいいツートンカラー

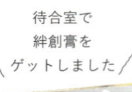

埼玉県 / SAITAMA

【長瀞・秩父】

自然豊かな埼玉県西部の秩父地方。長瀞の岩畳やラインくだり、レトロな雰囲気の秩父鉄道、かき氷、豚丼などの地元グルメと、楽しみどころが満載です

岩が敷き詰められたように広がっている長瀞の岩畳

秩父・長瀞は秩父鉄道で回れます

秩父の天然水で作ったかき氷は今まで食べた中で一番の味！

スタンプを集めてゲットした秩父鉄道のSLキーホルダー

群馬県 / GUNMA

【草津温泉】

温泉の自然湧出量が日本一。湯もみショーを見たり温泉まんじゅうを食べ歩いたりと、温泉街の見応えもありました。近くには1泊800円でトイレ付きの立体駐車場があり、車中泊でも楽しめます

毎分32,000ℓ以上の温泉が湧き出しています

「チョイナチョイナ」と民謡を歌いながら、迫力ある湯もみの実演を見られます

ほかほかの温泉まんじゅうがおいしかった！

栃木県 ／ TOCHIGI

【北温泉旅館】

那須高原の秘境にある江戸時代から続く湯治宿です。雰囲気は抜群で、映画『テルマエ・ロマエ』のロケ地にも使われました。温泉にはカランやシャワーがありませんが、24時間入れます

インパクト抜群の天狗湯。他にもいろいろなお風呂があります

宿泊したのは江戸時代に作られた部屋。歴史を感じます

夕食は基本、自炊か持ち込みのみなので、奮発していいお肉を持って行きました

かわいい看板猫がお出迎えしてくれます

【小太郎茶屋】

本当にお店があるのか不安になるような急勾配の道の先にある秘境の茶店。自然いっぱいでとても涼しく、マイナスイオンを味わえる気持ちいい場所です

ここは全席が屋外。川のせせらぎを聞きながら気持ちよく食事できます

お店があるのは那須塩原市の山中を流れる小太郎ヶ淵のほとり。4〜11月が営業期間です

2人でいただいた名物・きのこそば

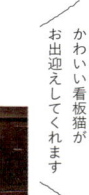

茨城県 ／ IBARAKI

【牛久大仏】

「世界最大の大仏」とギネスブックに認定されている120mの青銅製大仏です。85mの展望台まで胎内をエレベーターで登り、中を見学できました

大仏は直接見ると想像以上に大きくて迫力抜群！

胎内には金色の仏像が並ぶ本堂、展望台、写経席などがあります

庭園にはコイや鴨がいて、餌を買うとたくさん寄ってきてかわいいです

【神磯の鳥居】

大洗町の岩礁に立つ鳥居。激しい荒波の中に立つ姿は神秘的で、多くの観光客が訪れます。すぐ近くの磯料理屋さんでは、鳥居を眺めながら海の幸を味わいました

秋～冬にはアンコウ鍋が食べられるお店「山水」。あん肝が特においしかった

岩礁には大洗磯前神社の御祭神が降臨された言い伝えがあるそうです

area_07

東北編

大自然と祭りを堪能

2024年の春～夏にかけて回った東北地方では、広大な自然や、一度は行ってみたかったお祭りを堪能しました。秋田の竿灯祭り、大曲の花火大会、青森のねぶた祭りと、東北の夏祭りを体験できたのは本当にいい思い出になっています。ここまで来るといよいよ日本一周の旅も終盤です。これだけ長く旅をしてきたので、少し寂しい気もしますが、まだまだ楽しんでいきます！

蔵王の御釜
宮城県苅田郡

1
宮城県で松島の海の上を飛べるという
パラグライダーに挑戦した
2
400mって意外と高いな…
高いの苦手って言ってたし伝えない方がいいかもな…
3
おかえり！どうやった？
えっまぁ…
全然飛べると思うよ行ってきてみ！
4
上空にて
気分はどう？
もう最高です！
俺より楽しそう。

福島県 ／ FUKUSHIMA

【只見線】

福島県の会津若松駅と新潟県の小出駅を結ぶ全国屈指の秘境線。2011年の豪雨災害で路線存続の危機を迎えましたが、地元に愛され11年ぶりに奇跡の復活を遂げました

只見線有数の絶景ポイント・第一只見川橋梁

川沿いを走るので、車窓から外を見るとまるで水の上に浮いているよう

【 大内宿 】

江戸時代の町並みを残す南会津の宿場町「大内宿」。400年もの歳月を経ても残る茅葺き屋根の民家が並び、昔ながらのお土産やおもちゃも売っています

30軒以上の茅葺き屋根が立ち並んでいます

運がよければ職人さんの改修工事を見られます

小物屋さんでは手作りのネギストラップを購入

ねぎを箸のように使って食べるねぎそばが名物。結構難しいです

宮城県 ／ MIYAGI

【 蔵王の御釜 】

約3000年前の噴火でできあがった、エメラルドグリーンの水面が美しい火口湖。蔵王へ向かう途中の道もすごくきれいなのでおすすめです

御釜付近は40分ほどのハイキングコースになっています

気候によってはガスで見えないこともあり、より一層神秘的です

【田代島】

東北地方唯一の猫島。島民より猫の数のほうが多いという珍しい島です。4時間滞在しましたが、猫と遊んでいたらあっという間でした

人慣れしている子もたくさんいます

昼の12時には休憩所・島のえきで猫の食事タイム。並んでエサを食べる姿を見ていると癒されます

島へは石巻からフェリーで約40分。夏は増便されます

山形県 / YAMAGATA

【最上川舟下り】

日本三大急流のひとつ・最上川を存分に味わえる舟下り。約12kmを1時間かけて下りますが、景色や船頭さんのお話が楽しく、あっという間に時間が経ちます

最上川の流れに身を任せながらゆったり景色を楽しめます

事前予約をすれば船の上でお弁当を食べられます

お話や舟歌を披露してくれる船頭さんも実は名物

「プロが選ぶ水上観光船30選」第1位に選ばれています

秋田県 ／ AKITA

【男鹿温泉交流会館 五風】

男鹿伝統のなまはげが和太鼓を披露するステージは全国でもここだけ。20:30から約30分間、大満足のパフォーマンスが繰り広げられます

パフォーマンスも最高。子供も楽しめます

生演奏は迫力抜群。和太鼓の音が体に響き渡ります

秋田名物・ババヘラアイスは昔ながらの味がします

【玉川温泉】

地熱を利用した天然岩盤浴を無料で楽しめます。たっぷり汗をかいた後には隣の大浴場ですぐに洗い流せます。ここのお風呂の雰囲気もまた最高でした

岩盤は熱い場所で約40°C以上あるのでゴザは購入か持参が必須！

大地の熱を感じる天然岩盤浴。体の芯から温まります

熱気と硫黄の香りが漂い、地球の活動を感じました

岩手県 / IWATE

【小袖海女センター】

連続テレビ小説『あまちゃん』のモデルになった久慈市・小袖海岸の海女さん。7〜9月には素潜り実演があり、多くの観光客が訪れていました

水深約10mを一気に潜水。ウニをたくさん獲ってくると歓声が上がります

獲れたての大きく新鮮なウニ。臭みはまったくなく、濃厚な味が広がります

ウニはその場で海女さんたちが捌いてくれます

青森県 / AOMORI

【ねぶた祭り】

人生で一度は行っておきたい青森市のねぶた祭り。大きい物だと高さ5mと迫力があり、かけ声や踊り、太鼓や笛の演奏など活気があふれていました

約20台のまぶしいほど明るく輝く人形灯籠「ねぶた」が青森市中心街を回ります

大変なこと

数年に及ぶ国内長期旅は2人にとって初めての体験。旅に出たからこそわかった、車生活の苦労と楽しさ、2人旅を続ける秘訣を初公開します。

大変なこと

1 何をするにもかなり時間がかかる

トイレに行く、どこかお店に寄る、編集などの作業場所、お風呂・洗濯・寝るための場所を探す……などなど、ちょっとした行動をするにも毎回移動が必要です。移動だけであっという間に一日が過ぎ去ることも多いです。もし予定がずれてしまっても、それはそれで旅のよさだと考えること。心も時間も余裕を持って動けるように意識しています。

大変なこと

2 お風呂とトイレ以外はほぼ 24 時間一緒

2人で車生活するといっても元々は他人。いくら仲がよくても、ずっと一緒だとさすがに疲れます。車内では、物理的に距離を置いて頭を冷やすこともできないので、ちょっとした喧嘩が長引くことも。車で2人旅をすると、こういったストレスや喧嘩は避けて通れないと思います。でも、2人旅だからこそ素敵な景色や時間、おいしい食べ物を共有できて、2人の仲もより深まりました。

大変なこと

3 車の不備＝家がなくなる

車生活を始めて4年。これだけ長く続けていると、車のトラブルも何度か経験しました。よく覚えているのは、車が深夜に砂利の上でスタックしたこと。JAFを呼んで助けていただきましたが、あのときは「朝までこれなのかな…」と不安な気持ちでいっぱいでした。オーバーヒートのランプがつき、車の調子が悪かったときは本気で旅の中断を話し合ったこともあります。車は家と同じ。日本一周を最後まで一緒に走れればと思います。

COLUMN 4

4年の車旅でわかった！

車生活の楽しいこと、

楽しいこと

楽しいこと

1 知らない土地で新しい物に出会える

実は、私(あかね)は一人暮らしをしたことがなく、今回の車生活で初めて実家を出ました。 生まれ育った兵庫県は住みやすくて気に入っていましたが、日本各地を訪れてみると想像以上に素敵な場所がたくさんありました。知らない土地をゆっくり巡り、ローカルスーパーに寄ったり古い銭湯に行ってみたりと、地元の方と同じような生活をしてみる。そんなプチ移住体験で、いろいろな地域のよさが見つかりました。

楽しいこと

2 毎日違う景色に出会える

旅で移動を続けていると日々違う景色が見られて、毎日が新鮮です。朝起きたらまずは散歩に行くのですが、そのときに歩く公園や道も日々変わります。この地域にはこんな鳥がいるんだとか、町に流れる夕方のチャイムが違ったりだとか、そんなことが楽しかったりします。また、夜に車中泊スポットに到着して、朝起きたら絶景が広がっているなんてこともあります。

楽しいこと

3 人との出会い

これは旅ならではですが、とにかく人との出会いが増えます。お店の人がおすすめの場所を教えてくれたり、車のナンバーを見て話しかけてくれたり、YouTubeの視聴者さんが飲み物を差し入れてくれたり、居酒屋で隣の席になった人と朝まで話したり、本当に盛りだくさんです。絶景やグルメを楽しむのも充実しますが、人との出会いがこの旅をさらに楽しくしてくれました。

2人旅を長続きさせるコツ

長続きのコツ 1

1人の時間も大切にする

離れたいときは離れるべし。温泉施設でそれぞれ時間を決めずに長居をしたり、お互い違う物が食べたいときは別々で食事をとったりしています。旅の始めは食事のタイミングや店選びで喧嘩することもありましたが、無理に合わせず、それぞれ食べたい物を食べよう！ という日も作ることですごく気持ちが楽になりました。また、少し離れてみると相手をさらに大切にできるので、疲れたときはお互いに伝え合って、2人のいい距離感を見つけていくことが重要だと感じました。

長続きのコツ 2

休むときはちゃんと休む

コンパクトな軽バン生活はどうしても狭い空間での寝泊まりになり、長期旅だと体はしっかり疲れてきます。また、真夏は朝晩でも蒸し暑く、体力が削られます。「辛いな……」と我慢して、車中泊が嫌になってしまっては元も子もありません。長期旅だからこそ、疲れたり体調を崩したりしたときはホテルやゲストハウスに宿泊しています。少し宿泊するとまた車旅が楽しくなるので、多少お金がかかっても無理はしないと決めています。

長続きのコツ 3

相手に口に出して感謝や気持ちを伝える

ほぼ24時間一緒にいるので、小さなストレスを抱えたままでは生活できません。そこで私たちが重視しているのが、お互いに気持ちや感謝を伝えること。「いつもありがとう」とか「その言い方が嫌だった」とか、作ってくれたごはんに「おいしいよ」とか。私たちの場合だと、編集や撮影が上手くいけばとにかく褒め合っています。もし喧嘩したとしても、その理由は相手を傷つけたいからではなく、相手にわかってほしいから。口にちゃんと出して思いを伝え、わかり合えるような関係性を大切にしています。

Chapter 5

旅で出会ったグルメ&車中飯

全国にあるおいしい物を
探すのも旅の楽しみのひとつ。
また、その土地の食材を使って
おいしかった料理や自慢の車中飯レシピまで、
食に関する情報が満載！

食事も楽しみのひとつ

旅で出会った厳選グルメ30選

旅の醍醐味といえば、やっぱりおいしいごはん。ここでは日本全国を旅して、印象に残っているグルメを紹介します。

おいしさだけでなく、コスパやロケーション、思い出の地なども選んでいます。ぜひ気になるお店があれば訪れてみてください。

大分県

天然海水風呂 塩湯

これでもかというほど新鮮な刺身が盛られた海鮮丼。1,200円（税抜）はコスパ最強！

埼玉県

埼玉漁港の海鮮食堂 そうま水産

ランチは行列必須。山盛りの刺身はもちろん、具だくさんのあら汁やご飯、漬物が食べ放題。

高知県

明神丸 ひろめ市場店

分厚いカツオを目の前で藁焼きしてくれる。塩で食べるのがおすすめ。昼から飲むビールと雰囲気も相まって最高。

山口県

瓦そば柳屋 長門湯本店

熱々の瓦でパリパリのおそば、牛肉や薬味を混ぜながら食べてすごくおいしかった。

山口県

佐川醤油店

しょうゆごまふりかけ。しっかりとした味付けとごまの甘さがおいし過ぎてご飯が進む、進む。

大分県

キッチンピーコック

ボンバーステーキは柔らかく、超肉厚のステーキで食べ応え抜群。ステーキソースも本格的。

香川県

純手打ちうどん よしや

香川ではうどん巡りで11軒回りましたが、一番のお気に入り。だしが決め手。

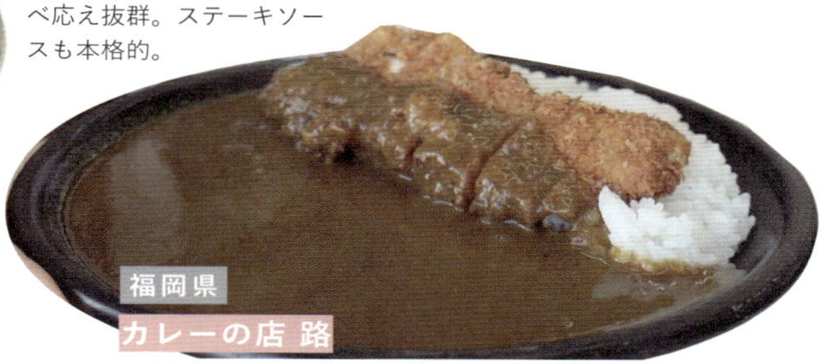

福岡県

カレーの店 路

具材がよく溶け込み、こんなにコクのあるカレーを食べたのは初めて。ぜひ食べてみてほしい。

広島県

尾道ラーメンたに

しょうゆベースに豚の背脂のうまみもある尾道ラーメン。提供も早い！ 3回行った。

広島・呉名物と言ったらがんす！ うまいでがんす！

広島県

がんす老舗本店三宅水産

ここのかまぼこやがんすは特においしくて、実家にも取り寄せたほど。お酒のアテにも◎。

熊本県

高森田楽の里

囲炉裏で炭火焼きをしながら郷土料理を食べられる。お店の雰囲気も◎。

長崎県

カステラの長崎堂

お気に入りはチョコカステラ。地元の方のおすすめで食べましたが、ふわふわしっとり生地で本当においしかった。

宮崎県

おぐら 出北店

チキン南蛮はむね肉なのにジューシー。濃厚タルタルソースをたっぷりつけて食べる！

滋賀県

いと重菓舗 埋れ木

彦根城玄宮園で抹茶といただいたお茶菓子。口に入れた瞬間ホロリと溶けてもっちり食感。天皇陛下御用達のお菓子だそう。

山梨県

ゴリ食堂

ゴリステーキ定食は990円なのにボリュームたっぷり！ お肉はミディアムレアで柔らかい。

山形県

手打 水車生そば

そば屋ですが、中華そばが人気。そばつゆベースのだしと鶏肉とちぢれ麺の相性が抜群。大盛りにすればよかったと後悔するほどおいしい。

疲れた体にだしが沁みるね〜

富山県

立山そば

立山黒部アルペンルートの室堂にある立ち食いのおそば屋さん。登山後のそばは格別。

香川県

骨付鳥一鶴

スパイシーな辛さがビールに合う骨付鳥。とりめしもおすすめ。うどんもいいけど、実は香川のおすすめグルメ1位。

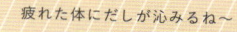

東京都

Truffle BAKERY

白トリュフ塩パンはバターが口いっぱいに広がり、ふわふわ食感。個人的に塩パン界1位。

千葉県

ひがし食堂

日替わり定食が680円で揚げ物、お刺身付き。しかもご飯はマンガのような大盛り。昼は地元の方たちで賑わっています。

岐阜県

麺屋しらかわ

高山ラーメンの有名店。だしの香りがよく、ちぢれ麺もおいしい。しょうゆラーメン好きにはぜひ食べてほしい！

秋田県

G食堂 横手店

ラーメン検索でヒットした、パチンコ屋の施設内にある食堂。ジャンク野菜炒めみそラーメンがウマすぎて30選入り。

福井県

中華そば おかや

敦賀の屋台ラーメン。元々おいしいですが、深夜に外で食べるラーメンはおいしさ倍増。

大阪府

天ぷら大吉 堺本店

夜11時～深夜限定で営業の珍しいお店。だしつゆとサクサク天ぷらがおいしい。貝汁も◎。

石川県

なぎさガーデン

新鮮で盛りだくさんな刺身定食だけでなく、
テラス席は海一面が広がる絶景。おすすめ！

福岡県

百年床・宇佐美商店

旦過市場にある宇佐美商店
のヌカ炊きが忘れられない。
この旅で初めて地産の物を
味わう楽しさを覚えた。

山形県

赤湯ラーメン龍上海 本店

ラーメン消費量日本一の山形でも特に人気。
濃厚でガツンとくるスープがクセになる。

岩手県

トロイカ

ベイクドチーズケーキで一番
好き。ずっしりしっとりで濃
厚。オンライン注文もあり。

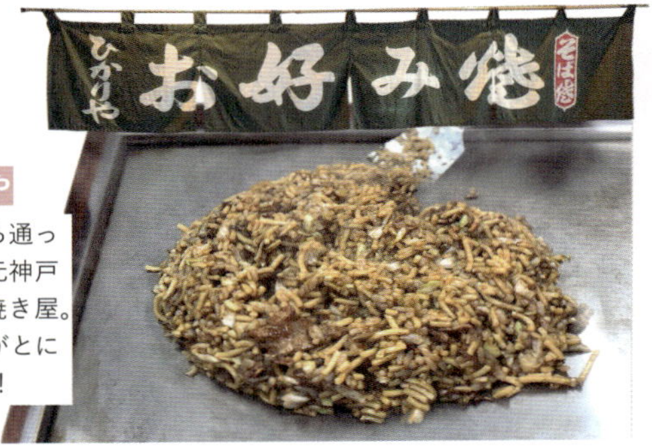

兵庫県

ひかりや

幼い頃から通っ
ている地元神戸
のお好み焼き屋。
やきめしがとに
かくウマい!

熊本県

おべんとうのヒライ

九州で何度も食べたお弁当。安くて手
作りのおいしさを味わえる。選ぶのが
ワクワクするようなお惣菜や、2人で
夜遅くにうどんを食べたのも思い出。

こだわりと時短のメリハリを！

車内調理の5大ポイント

ミニキッチンで作る車中飯は、軽バン旅のこだわりポイント。おいしい料理を食べるのはもちろん、料理を作る過程も楽しい時間です。特に長期旅になればなるほど金銭面や健康面を考えても、自炊が必要だと感じました。ただ、車の中で調理をするには家と違って、水や電気など限られた環境を上手に使う必要があります。また、以下の調理ポイントの他に、魚料理は洗い物が多いので必ずキャンプ場に行ったり、調味料類は小分けにしたり、長く使うからこそ清潔に保てるように自分たちなりのルールを決めています。

その1 地元食材を使う

旅のよさは地域の特産物を食べられること。道の駅やスーパーで買える地元野菜はおいしい上に安くて新鮮。他で手に入らない珍しい食材を見つけると思い出にも残ります。少し手間がかかっても、特産物での料理を楽しむのがおすすめ。

その2 準備時間を減らす

毎晩、その日の食材を用意していましたが、数日分をまとめて下準備するとかなりの時短に。野菜は2〜3日分を切って冷蔵庫に入れておけば、翌日は炒め物や鍋に使えて楽ちん。冬は特におすすめです。夏は水でほぐすだけのそばやうどんを使って時短しています。

その3 見た目にも気を遣う

料理のおいしさは、見た目や食器次第で変わります。私たちは軽くて汚れを拭き取りやすい木製のお皿を愛用しています。 また、トッピングの最後に小ねぎや白炒りごまをかけるなど、ちょっとした彩りを追加するだけでおいしさもアップ。

その4 洗い物を減らす

シンクが付いていても水はとても貴重。洗い物は一枚でも少ない方がいいです。汚れを少しでも減らすため、まな板にシートを敷いたり、混ぜるときはポリ袋を使ったり、フライパンにアルミホイルやフライパンシートを敷いたりしています。

その5 頑張らない日を作る

長期間の車中泊を続けるには、頑張り過ぎない日を作ることが大切。 レトルト食品をメインにしたり、お惣菜と掛け合わせて調理する日もあります。私たちはスーパーの冷凍ピザにチーズや玉ねぎをトッピングして食べるのが好きです。

火を使わないレシピ

サラダチキンで簡単！ よだれ鶏

材料（2人分）

サラダチキン … 1個
トマト … 1個
レタス … 適量

A
- おろししょうが（チューブ） … 1cm分
- 砂糖 … 小さじ1
- 酢・しょうゆ … 各大さじ1
- ごま油 … 大さじ1/2
- 白炒りごま … 適量（多めがおすすめ）

作り方

1 サラダチキンは食べやすい大きさに切り、トマトはくし形に切る。

2 器にちぎったレタス、サラダチキン、トマトの順に盛る。

3 混ぜ合わせたAを2にかける。

MEMO
包丁のみで手軽に作れて野菜もしっかり食べられます！

甘辛サーモンユッケ

材料（2人分）

サーモン（刺身用）… 150g

A
- しょうゆ … 大さじ2
- コチュジャン … 大さじ1
- ごま油・砂糖 … 小さじ2
- 白炒りごま … 適量
- おろしにんにく（チューブ）… 1cm分

大葉 … 適量
卵黄 … 1個

作り方

1 サーモンは小さめに切る。

2 ポリ袋にAと1を入れて手でもみ、5分ほどおく。

3 器に盛り、大葉を添え、卵黄をのせる。

MEMO
サーモンは大好きなのでしょうゆだけでもおいしいのですが、たまには甘辛のユッケも◎。

シャキッときゅうりツナ和え

材料（2人分）

きゅうり … 1本
ツナ缶（水煮）… 1缶（70g）

A
- めんつゆ（4倍濃縮）… 大さじ2
- ごま油 … 小さじ1
- おろしにんにく（チューブ）… 1cm分

作り方

1 ツナ缶は軽く汁気を切る。

2 きゅうりは細切りにする（歯ごたえが好きな方は大きめでもOK）。

3 ボウルに1、2、Aを入れて混ぜ合わせる。

MEMO
面倒なときはツナ缶の中で混ぜ合わせてもOK！ 火も使わず、切って和えるだけでおつまみの完成です！

サラダ冷やしうどん

材料（1人分）

流水麺（うどん）… 1袋
カットレタス … 1袋
サラダチキン … 1個
トマト … 1個
天かす・マヨネーズ・
めんつゆ（4倍濃縮）
… 各適量
温泉卵 … 1個
小ねぎ（小口切り）… 適量

作り方

1 うどんは水でほぐし、器に盛る。

2 トマトはくし形切りにし、サラダチキンは手でほぐす。

3 1の上に、レタス、周りにトマト、サラダチキン、天かす、温泉卵を盛る。

4 全体にマヨネーズをかけ、めんつゆをひと回しして小ねぎを散らす。

MEMO
暑い日はサラッと食べられるので大活躍。天かすとの相性が抜群なので、たくさん入れるとおいしいです。

混ぜるだけ！
栄養たっぷりサバつけそば

材料（2人分）

流水麺（そば）… 2玉
玉ねぎ … 1/2個
めんつゆ（4倍濃縮）
… 100mℓ
サバ缶 … 1缶（150g）
水 … 50mℓ
刻みのり・白炒りごま・
小ねぎ（小口切り）… 適宜

作り方

1 玉ねぎは角切りにし、そばは水でほぐして器に盛り、お好みで刻みのりをのせる。

2 器にサバ缶（汁ごと）、玉ねぎ、水、めんつゆを入れる。

3 サバを少しほぐして、お好みで白炒りごま、小ねぎを加える。

MEMO
冷たいそばなので夏の時期にはぴったりです。サバ缶を汁ごと使えるので栄養もたっぷり。

鍋・フライパンで作るレシピ

MEMO
だしの入ったたこ焼き粉を使うのがポイント。これでさらにうまみたっぷり！

さっぱりウマイ！ 南蛮漬け

材料（2人分）

お好みの魚（鮭、小アジなど）
… 4〜8切れ
玉ねぎ … 1/2個
にんじん … 1/3個
A ポン酢しょうゆ … 100㎖
A 和風だしの素（顆粒）… 小さじ1
A 砂糖 … 大さじ2
たこ焼き粉
（小麦粉＋和風だしでも代用可）
… 適量
かいわれ大根 … 適量

作り方

1 魚の下処理をする（鮭なら大きな骨を取る）。

2 玉ねぎとにんじんは薄切りにする。

3 ポリ袋にAと2を入れて10分程度漬け込む。

4 1の全体にたこ焼き粉をまぶす。

5 フライパンに少し多めのサラダ油（分量外）を入れ、4を揚げ焼きにする。

6 器に盛り、3、かいわれ大根をのせる。

ささみチーズ春巻きとアスパラ春巻き

材料（2～3人分）

鶏ささみ肉…3本
アスパラガス…4本
スライスチーズ…6枚
大葉…6枚
春巻きの皮…10枚
大葉・塩…各適量

作り方

1 春巻きの皮はひし型になるように置き、真ん中にささみ、半分にたたんだスライスチーズ、大葉をのせる。

2 手前、右、左の順で折りたたみ、最後の三角の部分に水をつけて生地を留める。

3 フライパンに少し多めの油（分量外）を入れ、2を入れて揚げ焼きにする（途中でひっくり返して両面がカリッとすれば完成）。

4 大葉と塩をのせた器に盛る。

MEMO

時間はかかりますが、ホットサンドメーカーでも作れます。その場合は、ふたの両面に油を塗って、ふたをして弱～中火で時々ひっくり返しながら15分焼きましょう。春巻きの皮はいつもあまるので、アスパラガスを巻いて揚げて食べています。

ブロッコリーと鶏肉のオイマヨ炒め

材料（2～3人分）

鶏もも肉…300g
ブロッコリー…1房
塩・こしょう…各少々

A
- おろしにんにく（チューブ）…4cm分
- しょうゆ・オイスターソース…各大さじ1
- マヨネーズ…大さじ4

作り方

1 ブロッコリーはひと口大に切る（茎も使う）。

2 フライパンに1を入れて水（分量外）をひと回しし、アルミホイルをふわっとかぶせて火にかける。

3 ブロッコリーが柔らかくなったら端に寄せ、ひと口大に切った鶏肉を加え、塩、こしょうで味をつける。

4 茎まで火が通るようにしっかり炒め、混ぜ合わせたAを加えてしっかり味を絡ませる。

ササッと作れる キムチチャーハン

材料（2人分）

ご飯 … 200g
キムチ … 適量
（辛めが好きな方は
200gくらい）
豚こま切れ肉
（ベーコンでも可）
… 適量
卵 … 2個
鶏ガラスープの素（顆粒）
… 小さじ1
マヨネーズ・しょうゆ
… 各大さじ1
小ねぎ（小口切り）… 適量

作り方

1 フライパンにごま油（分量外）を薄くひき、食べやすく切った豚肉を炒める。焼き色がついたら、ご飯、キムチの順番に加え、塩、こしょう（分量外）で味を調える。

2 具材を端に寄せ、ごま油（分量外・油が十分な場合は無しでもOK）をひき、溶き卵を加える。卵を素早くかき混ぜてふわふわの炒り卵状にする。

3 調味料を加えて炒め合わせ、小ねぎを散らす。

市販のピザで 本格マルゲリータ

材料（冷凍ピザ1枚分）

冷凍ピザ（市販）… 1枚
玉ねぎ … 1/4個
スライスチーズ … 1枚

作り方

1 玉ねぎは薄切りにする。

2 ピザに 1 、手でちぎったスライスチーズをのせる。付属のソースもかける。

3 フライパンにのせ、アルミホイルをかぶせて中火で3分焼く。

4 少しチーズがトロッとしたら、アルミホイルを外して強火で1分。裏面をカリッとさせるように焼く。

MEMO
冷凍ピザをよく焼いて、具材を加えるだけでおいしさとボリュームもアップ！あれば、最後にバーナーで焦げ目をつけてもOK。

MEMO
私たちはチキンライスではなく、ひき肉が定番！ 卵は巻かずに半熟で乗せるだけでもOKです。

我が家のひき肉オムライス

材料（1人分）

豚ひき肉 … 80g
玉ねぎ … 1/2個
ご飯 … 200g
トマトケチャップ
　… 大さじ2
　（お好みで多めでも）
卵 … 2個
バター … 1個
塩・こしょう
　… 適量（多めがおすすめ）
ドライパセリ … 適量

作り方

1 玉ねぎは粗めのみじん切りにし、卵はしっかり溶く。

2 フライパンにオリーブオイル（分量外）を入れて中火で熱し、ひき肉と玉ねぎを炒める。

3 焼き色がつき、玉ねぎにしっかり火が通れば、ご飯を加えて混ぜ合わせる。

4 塩、こしょうを加え、しっかりご飯に味をつける。

5 トマトケチャップを加えて混ぜ合わせ、取り出す。

6 フライパンにバターを入れて溶かし、溶き卵を入れる。

7 薄く焼いて、その上に取り出した 5 をのせて巻き、器に盛る。適量のトマトケチャプをかけ、ドライパセリを散らす。

我が家の野菜炒め

材料（2人分）

豚こま切れ肉 … 200g
キャベツ … 1/4玉
にんじん … 1/3本
玉ねぎ … 1/2個
もやし … 1袋
枝豆 … 適宜
塩・こしょう … 適量
A
- しょうゆ … 大さじ2
- みりん・酒 … 各大さじ1
- おろしにんにく（チューブ） … 3〜5cm分（うちは多め）
- 和風だしの素（顆粒） … 小さじ1

ごま油 … 大さじ1
小ねぎ（小口切り）・白炒りごま … 各適量

MEMO
個人的に枝豆が合うので枝豆は入れてほしい！ 豚肉を一度取り出しておくのがポイント。硬くなり過ぎずおいしく仕上がります。

作り方

1 フライパンにごま油を入れて中火で熱し、食べやすく切った豚肉をサッと炒め（肉にまだ赤みが残り火の通り切る前）、取り出す。

2 にんじんは短冊切り、キャベツはざく切りにする。

3 同じフライパンににんじん、キャベツの芯を入れて炒め、塩、こしょうをする。少し柔らかくなったら、玉ねぎ、残りのキャベツ、枝豆の順で加えて強火で炒める。

4 シャキシャキ感が残る程度に野菜に火を通し、1、もやし、Aを加えて強火で炒め合わせる。器に盛り、小ねぎをのせ、白炒りごまを散らす。

うまみたっぷり！具だくさんの豚汁

材料（2人分）

豚こま切れ肉 … 80g
長ねぎ（斜め薄切り） … 1本
にんじん（いちょう切り） … 1/3本
大根（いちょう切り） … 70g
ごま油 … 大さじ1
水 … 500mℓ
和風だしの素（顆粒） … 小さじ2
みそ … 大さじ2〜3
小ねぎ（小口切り） … 適量

MEMO
和風だしの素とみその量は野菜の量で加減してもOKです！

作り方

1 鍋にごま油をひき、豚肉と長ねぎを中火で炒める。

2 肉に色がついたら大根、にんじんを加えて少ししんなりするまで炒める。

3 水、和風だしの素を加えて8分煮込む（大根がやわらかくなるまで）。

4 火を止めてみそを溶かし入れる。器に盛り、お好みで小ねぎをのせる。

めんつゆパプリカパスタ

材料（2人分）

パスタ … 2束
豚ひき肉 … 150g
パプリカ（赤・黄）… 3〜4個
水 … 300mℓ
めんつゆ（4倍濃縮）… 大さじ3
小ねぎ（小口切り）… 適量

作り方

1 パプリカは種を取り、ざっくりとした角切りにする。

2 鍋にサラダ油（分量外）を入れて中火で熱し、ひき肉を炒める。焼き色がついたら 1 を加える。

3 パプリカが少ししんなりとしたら、水とめんつゆを加え、パプリカに味がしみ込むまでふたをして弱〜中火で8分煮る。

4 別の鍋でパスタを袋の表示時間通りにゆでる。

5 3 のふたを開け、汁気がなくなる前に 4 を加えて混ぜ合わせる。器に盛り、小ねぎをのせる。

MEMO
パスタの水気で少し味が薄くなれば、めんつゆをプラスして味を調整してください。

あったかだしの鶏たまうどん

材料（2人分）

うどん … 2玉
鶏もも肉 … 150g
A ┌ 水 … 600mℓ
　 └ めんつゆ（4倍濃縮）… 大さじ2
みりん … 大さじ1
和風だしの素（顆粒）… 小さじ2
卵 … 2個
小ねぎ … 適量
水溶き片栗粉 … 適量

MEMO
だし汁は少し濃い目の味ですが、うどんや卵と合わさるとほどよい味わいになります。

作り方

1 鍋に鶏肉を入れ、火が通るまで焼く。うどんは袋の表示時間通りにゆで、器に盛る。卵は溶く。

2 鶏肉の鍋に、A を加えて沸騰させる。

3 一度火を止め、水溶き片栗粉を加える。

4 再度中火で沸騰させながら、溶き卵を数回に分けて入れる（混ぜない）。

5 うどんにかけて小ねぎをのせる。

ホットサンドメーカーで作るレシピ

簡単過ぎる！ ふわふわお好み焼き

材料（1人分）

豚バラ薄切り肉 … 4枚
キャベツ（せん切り） … 100g分
お好み焼き粉 … 100g
水 … 120mℓ
卵 … 1個
天かす・ソース・
　マヨネーズ・青のり … 各適量

MEMO
生地がくっつかないようにふた側にも油を塗りましょう。たこを入れたらたこ焼き風になります！

作り方

1 ボウルにお好み焼き粉、水、卵を入れてよく混ぜる。

2 キャベツを加えてふんわりと混ぜる。

3 ホットサンドメーカーの片面にサラダ油（分量外）をひき、2をのせ、天かす、食べやすく切った豚肉の順にのせる。

4 ふたをして、中火で3〜4分焼く。

5 一度開けて、もう片面（ふた側の方）にキッチンペーパーなどで薄くサラダ油（分量外）を塗り、生地をひっくり返す。

6 豚肉に焼き色がつけば完成。ソースをかけ、お好みでマヨネーズ、青のりをかける。

さっぱりおいしい！　れんこんしそ餃子

材料（20～25個分）

豚ひき肉…250g
れんこん…100g
大葉…10枚
餃子の皮…20～25枚

A
- 鶏ガラスープの素（顆粒）…小さじ2
- しょうゆ…大さじ1
- おろししょうが（チューブ）…2cm分
- おろしにんにく（チューブ）…2cm分

作り方

1. 大葉はせん切りにし、れんこんは粗めのみじん切りにする。
2. ポリ袋にひき肉、1、Aを入れて手でこねる。
3. 餃子の皮に2を入れて包む。
4. ホットサンドメーカーに薄くごま油（分量外）をひき、餃子を並べる。
5. 中火で1分焼き、1/3量の水を浸かる程度入れ、ふたをして蒸す。
6. 中まで火を通し、焼き目をつける。

名古屋風！　甘辛手羽先

材料（1人分）

手羽先…4本
塩・こしょう・小麦粉…各適量

A
- しょうゆ…大さじ2
- 酒…大さじ1と1/2
- みりん・砂糖…各大さじ1

白炒りごま…適量

作り方

1. 手羽先は食品トレーの上で、塩、こしょう、小麦粉を両面にまぶす。
2. ホットサンドメーカーに手羽先をのせ、サラダ油（分量外）が全面に行き渡るように少し多めにひく。ふたをして弱～中火で5分焼く。
3. 焼き色がついたらふたを開け、手羽先をひっくり返し、ふたをしてさらに5分焼く。
4. Aを混ぜ合わせて加え、ひと煮立ちしてトロッとしたら、手羽先に味を絡ませる。お好みで白炒りごまを散らす。

MEMO

ホットサンドメーカーはふたをしたままひっくり返すと油がこぼれるので、手羽先だけをひっくり返してください。ビールのお供にどうぞ！

ホットサンドメーカーで簡単！鮭きのこしょうゆバター

材料（1人分）

鮭 … 1尾
しめじ（カット）… 少々
バター … 1個（5g）
大葉 … 1枚
水・酒 … 各大さじ1
しょうゆ … 小さじ1〜2

作り方

1 ホットサンドメーカーに薄くサラダ油（分量外）をひき、鮭、周りにしめじを敷き詰める（小さくなるのですき間なく入れてOK）。

2 中火で1分ほど焼き、水、酒、しょうゆの順に加える。

3 鮭の上にバターをのせ、ホットサンドメーカーを閉じて中火で2分蒸らす。

4 一度開け、鮭を裏返してふたをし、さらに2分蒸らす。

5 ふたを開けて汁気が少なくなる手前で火を止め、細切りにした大葉をのせる。

MEMO
塩鮭の場合は味が濃い目なので、しょうゆの量を少なめにして調整してください。

簡単！焼き鮭おにぎり茶漬け

材料（2人分）

ご飯 … 200g
鮭 … 1尾
お茶漬けの素 … 1袋
湯 … 300mℓ
白だし … 小さじ1
小ねぎ（小口切り）・
　白炒りごま … 各適量

作り方

1 ご飯にお茶漬けの素を混ぜ、おにぎりを2個作る。

2 ホットサンドメーカーに 1 をのせ、両面をカリッと焼いて器に盛る。

3 鮭も同じように両面焼き、骨や皮を外してほぐす。

4 焼きおにぎりに湯で溶いた白だしをかけて 3 をのせ、お好みで小ねぎと白炒りごまを散らす。

ポリ袋で楽々！揚げないちくわの磯辺焼き

材料（1人分）

ちくわ … 4本
小麦粉・水 … 各大さじ3
青のり … 大さじ1
和風だしの素（顆粒）
… 小さじ1

作り方

1 すべての材料をポリ袋に入れてもみ込む（青のりは袋につくので多めです）。

2 ホットサンドメーカーに薄くサラダ油（分量外）をひき、1 を入れて焼く。

3 焼き色を見ながらちくわをひっくり返し、全面に焼き色をつける。

MEMO
今回は小麦粉を使用していますが、お好み焼き粉を使えば、味つけがされているので、和風だしの素はなしでOKです。

ハイボールに合う！豚しそチーズ

材料（1人分）

豚バラ薄切り肉 … 6枚
大葉 … 6枚
スライスチーズ … 3枚
塩 … 適宜

作り方

1 豚肉を広げ、大葉、半分にちぎったチーズの順にのせ、くるくると巻いて串に刺す。

2 ホットサンドメーカーに油をひかずにのせ、ふたをする。中火で2〜3分焼く。

3 豚肉の脂がしっかり出て、色が変わったら裏返す。

4 両面に焼き色がつけば完成。塩をふって食べる。

MEMO
ホットサンドメーカーだとすぐに火が通って簡単！定番のキャンプ飯です。串に刺すと外れにくいですが、そのまま焼いてもOKです。

小型炊飯器で作るレシピ

炊飯器に入れるだけ!
喫茶店ナポリタン

MEMO
ピーマンは小さくなるので2個くらいでちょうどいいです。トマトケチャップの量はお好みでもOK！

材料（1人分）

パスタ（早ゆで4分）… 100g
ピーマン … 2個
ソーセージ … 2本
コンソメスープの素
（顆粒）… 小さじ1
塩・こしょう … 各少々
トマトケチャップ … 大さじ4
おろしにんにく（チューブ）
… 1cm分
水 … 200mℓ
ドライパセリ … 適量

作り方

1 ピーマン、ソーセージは輪切りにする。

2 炊飯釜にパスタを半分に折って入れ、1と水を加える。

3 コンソメスープの素、塩、こしょうをふり、ふたをして炊飯する。

4 炊き上がったら、トマトケチャップ、にんにくを加えてよく混ぜ、ドライパセリをふる。

炊飯器で楽チン！
ほろほろ鶏肉の煮込み

材料（1人分）

鶏もも肉 … 1枚（250g）
玉ねぎ … 1/2個
しめじ … 少々

A
- しょうゆ・酒・みりん … 各大さじ3
- 砂糖 … 小さじ2
- ポン酢しょうゆ … 大さじ1
- 水 … 大さじ2
- 和風だしの素（顆粒） … 小さじ1
- おろししょうが（チューブ） … 3cm分

作り方

1 炊飯釜に鶏肉、Aを入れ、鶏肉のすき間に薄切りにした玉ねぎ、しめじを敷き詰める。

2 炊飯し、炊けたら一度開けて裏返し（タレに浸っていない反対側も漬け込む）、5分おく。

鶏肉とキャベツのうま煮

材料（1人分）

鶏もも肉 … 1枚（200g）
塩・こしょう … 各少々
おろしにんにく（チューブ） … 1cm分
キャベツ … 1/4個
鶏ガラスープの素（顆粒） … 小さじ1/2
酒 … 大さじ1
小ねぎ（小口切り） … 適量

作り方

1 キャベツはざく切りにする。

2 炊飯釜に鶏肉、塩、こしょう、にんにくを入れて混ぜる。

3 1を加えて2と混ぜ合わせ、酒、鶏ガラスープの素を加えてさらに混ぜる。

4 炊飯器で炊く。お好みで小ねぎをのせる。

MEMO
キャベツはかなり小さくなるので、ぎっしりすき間に詰め込んでください。芯の硬い部分は、できるだけ炊飯釜の下に入れるようにしましょう。

炊飯器で簡単！ 蒸し野菜

材料（1人分）

お好みの野菜（にんじん、
大根、かぼちゃ、パプリカ、
ブロッコリーなど）… 適量
水 … 50〜80mℓ

作り方

1 炊飯釜にお好みの大きさに切った野菜を敷き詰める（硬めの根菜類、キャベツの芯などは下の方に入れる）。

2 水を加えて、炊飯する。

MEMO
シンプルですが車生活では野菜不足にもなりがちなので、お助けメニューです。お好みでポン酢しょうゆをかけて食べてください。

放っておくだけ！ 炊き込みご飯

材料（1人分）

米 … 150g
にんじん … 3cm分
しめじ（カット）… 少々
焼き鳥缶 … 1缶（75g）
水 … 150mℓ
A
- 酒 … 小さじ2
- めんつゆ（4倍濃縮）… 小さじ2
- 塩・和風だしの素（顆粒）… 各2つまみ

小ねぎ（小口切り）… 適量

作り方

1 にんじんは細切りにし、しめじは小さく切る。

2 炊飯釜に米、水、Aを入れて軽く混ぜ合わせ、1と焼き鳥缶を缶汁ごと加える。

3 炊飯し、炊き終わってからも開けずに10分蒸らす。お好みで小ねぎをのせる。

COLUMN 5

チャンネル登録者数 39.5 万人！

YouTube 動画の裏側

最初は旅の資金のために始めたYouTube配信。旅の途中からは、視聴者の方に楽しんでもらうことがモチベーションに変わっていきました。ここではそんな配信の裏話を紹介します。

YouTube 配信 Q&A

Q 動画配信を始めたきっかけは？

A 旅の資金を稼げればと思い、始めたのがきっかけです。車の改造費で想像以上に貯金を使ってしまったので、「絶対YouTubeを成功させるぞ！」という気持ちでした。当時は軽バンDIYのやり方を説明する動画があまりなく、軽バンで2人旅をしている人もいなかったので、丁寧に作れば必ず需要があると感じていました。また、旅の思い出を形に残したいという目的もありました。

Q 1 番バズった動画は？

A 車内で過ごす一日のルーティンを撮影した「【これがリアル】軽自動車に2人で暮らすとこんな感じ」です。再生回数は2330万回で、動画投稿をしてから1年後に突然、海外でバズりました。海外では軽バンが珍しいようで、あの小さな空間で生活することに反響がありました。

Q YouTube を始めてよかったことは？

A 時間をかけて作成した動画を視聴者の方に楽しんでもらえること。編集がしんどいときもありますが「知らない場所が見れて楽しい」「旅に行った気分になる」というようなコメントを見たらもっと頑張ろうと思えます。それに、初めて収益が出たときも本当にうれしかったです。登録者が1000人行くまでは願掛けとして禁酒をしていたので、達成したときに居酒屋で乾杯したのを今でも覚えています。

撮影のヒミツ

SECRET 1

同じ服を着ている理由

動画はいつも約3日間の撮影素材を1本にしています。どの部分でカットしても違和感が出ないよう、撮影時は基本的にいつも同じ服を着ています。

SECRET 2

車中飯の撮影は長時間

車中飯は人気の高いコンテンツ。いつもコメントで「車中飯のシーンを見ているのが楽しい」と言ってもらえます。そんな期待に応えたいので、毎回違う料理を考え、普段よりも少し凝った料理を選んでいます。撮影中は片方がカメラを持っていないといけないので、そのぶん調理時間も長くなり、食べ終わるまで2〜3時間かけて撮影することもあります。

SECRET 3

乗り物・スポットは複数回撮影も

動画ではひとつのシーンに見えても、実は何回も撮影している場合があります。たとえば電車に乗る動画なら、電車の外と中のどちらの映像もほしいので、2回撮りに行っていることが多いです。また、せっかく行ったスポットが営業時間外で開いてなかった場合も、もう一度挑戦するようにしています。

SECRET 4

意外と時間のかかるリサーチ

実は時間をかけているのが撮影スポットを調べる作業。行く場所によって動画の構成が決まるので、前もってかなり気合を入れてリサーチしています。毎回いろいろなSNS、口コミ、個人ブログを見ていて、地元の方に聞いたりもします。

SECRET 5

平均所要日数は撮影３日間、編集４日間

１本の動画の撮影にかける時間は約３日間。カット・編集だけでなく、日本語のテロップ作りと英語翻訳も2人でやっているので、編集作業だけで３〜４日間かかっています。多少時間がかかっても、YouTubeを見てくれてる人に「今回も見てよかったな」と思ってもらえるよう、撮影・編集をしています。なので、自分が小さくこだわった部分でも気づいてコメントしてもらえると本当にうれしいです。

1本の動画ができるまで

1 事前リサーチ・構成作り 半日

どんな動画にしたいか、どこを回りたいかを調べて選びます。最初はいつも地図にざっくりまとめて描き、それを２人で共有しています。また、車生活の日常を撮るときは、どんなシーンを入れるか事前に構成を組んでいます。

2 スポット・車中飯の撮影 約３日

訪問先の営業日や天候を確認しながらルートを調整し、各スポットを撮影します。景色や食事、車中飯、2人の会話など、最終的に10〜15時間ほど録画します。

3 撮影した映像を大まかにカット 1〜2日

編集ソフトに映像データをすべて移し、まず１時間前後までカットします。残すべきシーンや会話を聞き直しながら編集するので、この作業はかなり時間がかかります。

4 動画の仕上げ 1〜2日

１時間の動画をさらに30分ほどにカットし、雑音や音声を調整したり、映像の水平を合わせたり、動画のテンポをチェックしたりといった編集を加えます。何度も何度も見直します。

5 日本語・英語字幕を入れる 半日

日本語は会話の字幕を手打ちで入力し、英語はGoogle翻訳とDeepL翻訳を使用。自動翻訳よりも精度を上げるために、手間をかけてでもテロップを1フレーズずつ翻訳しています。

6 サムネイル・タイトルを考える 半日

どれだけ動画の中身をこだわっても、サムネイルとタイトルが悪ければ動画を見てもらえることはありません。ここは毎回、2人でかなり議論しながら決めています。

7 アップロードと多言語入力

YouTube上に動画をアップロードし、翻訳した英語テロップをさらに各国の言語に翻訳させます。合計35ヶ国の言語を入れており、幅広い海外の視聴者に届くよう工夫しています。

8 予約投稿と SNS 告知

動画公開日を決めれば投稿。SNSで告知をして、ようやくすべての工程が完了です！

撮影・編集機材を初公開！

GoPro MAX

SONY ZV-1 M2

iPhone 13 Pro

DJI Mini 3 Pro

撮影機材

メインの撮影機材はこの4種類。カメラは道路の撮影や動きに強いアクションカメラのGoPro、料理や定点撮影に向いているコンパクトデジタルカメラのZV-1 M2を主に使用しています。また、昼の景色の映像はiPhoneのシネマティックモードにしたり、夜や車内の少し暗い場所ならZV-1 M2を使用したりと、使い分けています。絶景や湖など、撮影が許可されている場所であればドローンでの撮影もしています。旅をするうえであまり大きなカメラは持っていけないので、この4種類で落ち着いています。

MacBook Pro M1

iPad Pro M4

Final Cut Pro

Procreate

Logic Pro

Sandisk SSD

ワイヤレス
キーボード

ノートPCスタンド

編集機材、ソフト

編集作業は2人で行うので、それぞれMacBookを使用しています。どうしても編集しているときに姿勢が悪く前かがみになってしまうので、PCスタンドとワイヤレスキーボードで対策しています。狭い車内で編集するときは、膝にワイヤレスキーボードを置いて作業ができるようになったので、姿勢も安定してとても便利です。

動画編集ソフトは旅を始めた頃からFinal Cut Proを使用しています。旅の動画素材はとにかく容量が多いので、PCのストレージやメモリは大きめにしています。また、撮影した動画は外付けSSDに保存しています。旅の最初は2TBの物を購入しましたが、それだけでは足りず、今は2TBと4TBの2つに動画を保管しています。

動画内に登場する図やイラストは主にiPadのProcreateで描いていて、この本に掲載しているイラストもこれで作りました。動画のオープニングやエンディングBGMは、Logic Proと車の内装に飾られているキーボードで制作しました。

50-00

おわりに

この度は私たちの本を手にとっていただき、また、最後まで読んでいただき本当にありがとうございました。私たちがこんなにも長く旅を続けられたのは、間違いなくここまで応援してくださったみなさまのおかげです。

この本を出版するお話がきたとき、まず最初に考えたのは「過去の自分たちが欲しいと思える本にしよう！」ということでした。私たちが日本一周の旅に出ることを決めた4年前、車DIYや車中泊旅をしている人はまだ少なく、とにかく情報がなかったことを覚えています。

「DIYは何から進めたらいいの？」

「旅の生活費はどのくらいかかるの？」

「お風呂は？ゴミは？洗濯は？」……。

そんな疑問ばかりがふくらむ中、とにかくやってみようと手探りで始めました。だからこそこの本は、私たちのDIYの経験や、実際に旅に出てわかった情報をたくさん詰め込んだ一冊になっています。

2人で何度も話し合いながら、1ページ1ページ本気で制作したので、これからDIYや車旅をしたいと思っている方の、お役に立てれば幸いです。

また、私たちの旅を追いかけて応援してくださった方々の思い出になるような本になることを願っています。

これからについて

ここまで読んでいただいたみなさま、私たちの車旅はもう終わったように感じるのではないでしょうか。私たちもこの本の制作をしているとき、懐かしい過去の動画や写真を見返しながら思い出に浸っていました。でも、まだまだ旅は終わりません！旅が始まった頃からずっと楽しみにしていた北海道、沖縄をこの軽バンと一緒に回り、ようやく日本一周が完結します。

　移住先も探す目的で始めた車旅ですが、住んでみたい地域もたくさん見つかりました。次は軽バンＤＩＹに続いて、古民家のＤＩＹにも挑戦してみたいです。

　４年間続けてきた車中泊は今も変わらず楽しく、まだまだ日本全国行けなかった地域もあるので、今後も車中泊をしながらいろんなところに行けたらいいなと思っています。そのときには、みなさまに会えることを楽しみにしています。

トラブル、
探し物など……

緊急時の問い合わせ・連絡先

故障、キー閉じこめ、燃料切れなどの車両トラブル

▶ TEL：**0570-00-8139**（JAF ロードサービス救援コール）

▶ URL：

・JAF（一般社団法人日本自動車連盟）のロードサービスに救援要請。
・初回救援時にその場で入会でき、一部作業費が無料になるなどの特典が受けられる。
・自動車保険付帯のロードサービスもあるため、契約内容は確認しておく。

けが、急病で病院に行きたい

▶ TEL：**119**

・緊急度が高い場合は緊急通報で救急車を呼ぶ。
・緊急度を判断できない場合、救急安心センターに問い合わせる。

▶ TEL：**#7119**

病院、薬局を探したい

▶ TEL：**0570-000692**

▶ URL：

・厚生労働省の「医療情報ネット（ナビイ）」で全国の医療機関・薬局の情報を提供中。
・診療科目・時間外対応・施設などの条件で絞り込みも可能。

盗難などの犯罪被害に遭った、目撃した

▶ TEL：**110**

・緊急の事件・事故は110番へ通報。

落とし物・紛失物などを警察に相談したい

▶ TEL：**#9110**

・管轄する地域の警察相談電話で警察に相談できる。
・受付時間は平日8:30〜17:15。
・最寄りの警察署でも相談可能。

交通事故に遭った

▶ TEL：**119、110** など

・安全な場所に停車し、怪我人がいる場合は緊急通報と応急処置。
・事故状況を確認して警察に報告する。
・保険会社または代理店に連絡する。

地震などの大規模災害に遭遇した

▶ TEL：**171**

・電話が通じない場合、災害用伝言ダイヤルに安否情報を録音できる。
・パスワード・認証なしで使えるフリーWi-Fi「00000JAPAN」が解放される場合も。
・避難所は旅行者も利用可能（地元民優先）。移動可能になれば早めの退避を。

RV パークを探したい

▶ URL：

・一般社団法人日本RV協会の「くるま旅クラブ」ウェブサイトで、登録RVパークの情報を確認。
・地域、施設タイプ、駐車可能車両などの条件を絞って検索できる。

道の駅を探したい

▶ URL：

・道の駅公式ホームページでは施設設備・都道府県別の検索が可能。

出発前に再確認！

車中泊持ち物チェックリスト

最低限必要な物

車中泊するために最低限必要な持ち物

- [ ] 照明器具
- [ ] マットレス
- [ ] 目隠しカーテン・シェード
- [ ] ミニテーブル
- [ ] 寝具（毛布・寝袋・枕）
- [ ] 食べ物・飲み物

所持しておく物

旅先で買えない物は絶対に忘れずに！

- [ ] 現金・クレジットカード
- [ ] 運転免許証
- [ ] 健康保険証
- [ ] ETC カード
- [ ] メガネ・コンタクトレンズ
- [ ] スマートフォン

電子機器類

ポータブル電源があるとかなり安心

- [ ] カメラ
- [ ] PC・タブレット
- [ ] 充電器・コード類
- [ ] ポータブル電源

身につける物

長期旅なら靴は2足使い分けがおすすめ

- [ ] 衣類（上着・下着・靴下など）
  ※洗濯カゴがあると便利です
- [ ] 脱ぎ履きしやすい靴
- [ ] 運動用の靴

夏対策アイテム

暑さを乗り越える工夫

- [ ] 扇風機・サーキュレーター
- [ ] 網戸
- [ ] 冷感マット
- [ ] 防虫グッズ

冬対策アイテム

寒さから身を守る工夫

- [ ] タイヤチェーン
- [ ] 結露取りワイパー
- [ ] 湯たんぽ・カイロ
- [ ] 電気毛布

自炊するなら①

車内調理するなら必需品！

- IH・ガスコンロ
- フライパン・鍋
- 電気ケトル・ポット
- 包丁
- まな板
- 食器・カトラリー
- 調味料類

自炊するなら②

これがあったら便利、楽々！

- 冷蔵庫・クーラーボックス
- 除菌ウェットシート
- ラップ
- まな板シート
- 食器用洗剤
- ポリ袋
- ゴミ袋

お風呂セット

古い銭湯では持参が必要な場合も

- シャンプー・リンス
- ボディーソープ
- 歯ブラシ・歯磨き粉
- 洗顔・化粧落とし
- タオル
- トートバック

困ったときに役立つ物

暗所や、騒音時などにあると便利な物

- ドライブレコーダー
- 懐中電灯
- 携帯トイレ
- 耳栓
- アイマスク
- 折りたたみ傘

その他

清潔さを保ち、修理できる工具もあると◎

- 消臭グッズ
- 簡易的な工具キット
- 爪切り
- 絆創膏
- ティッシュ

趣味も大事に

人それぞれ好きな物を詰め込もう！

- ラジオ
- コーヒーグッズ
- 本
- 釣り道具
- キャンプ道具

著者 Profile

軽バンで車中泊をしながら日本一周中。車生活を始めて4年目。3ヶ月かけて2人が暮らしやすいように車内、外装をフルDIY。YouTubeでは軽バンでの車中泊の様子や、日本の旅を発信。2025年3月現在、チャンネル登録者数45.7万人。

For English Translation

Scan this QR code to read the English translation

自作 DIY で 1200 日の車中泊

軽バン生活

2024年10月11日　初版発行
2025年3月26日　再版発行

著者	軽バン生活（はやと・あかね）
編集	株式会社A.I、桑山裕司
デザイン	高津康二郎、浜田美緒（ohmae-d）

発行人	勝山俊光
編集人	川本 康
編集担当	萩原 亮
発行所	株式会社 玄光社 〒102-8716 東京都千代田区飯田橋4-1-5 TEL：03-3263-3513（編集部） TEL：03-3263-3515（営業部） FAX：03-3263-3045 MAIL：book_contact@genkosha.co.jp URL：https://www.genkosha.co.jp
印刷・製本	株式会社光邦